A. Carmen Heinsius   Der Basset

A. Carmen Heinsius

Der Basset

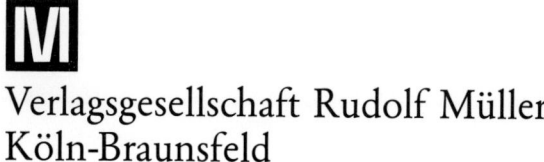

Verlagsgesellschaft Rudolf Müller
Köln-Braunsfeld

Die Kapitel »Ernährung«
und »Gesundheit« wurden von
Dr. med. vet. Peter Brehm verfaßt.

CIP-Kurztitelaufnahme der Deutschen Bibliothek

Heinsius, A. Carmen
Der Basset
(Die Kap. »Ernährung« und »Gesundheit« wurden von Peter Brehm verfaßt)

7.–11. Tausend (Neubearbeitung)
Köln-Braunsfeld: R. Müller 1984
(dein Hund)

ISBN 3-481-26152-7

1.– 6. Tausend 1976
7.–11. Tausend 1984 (Neubearbeitung)

ISBN 3-481-26152-7

Verlagsredaktion: Ingeborg Roggenbuck
Umschlaggestaltung: Hans Dieter Kluth, Erftstadt
Satz und Umbruch: Typographische Werkstätte Hans Dieter Kluth, Erftstadt
Druck: Druckhaus Rudolf Müller, Köln
Printed in Germany

Vorwort

Den ersten, in der Bundesrepublik Deutschland offiziell anerkannten Basset Hound-Wurf registrierte meine Mutter, Mitzel Droemont, am 1. Mai 1957 mit den Rüden »Moby, Marksman, Michael und den Hündinnen Marietta und Mirabel vom Herzogtum Jülich«. Fortan wurde diese Rasse von engagierten guten Züchtern weiter verbreitet. Obwohl anfänglich mit Skepsis aufgenommen, ist sie kurze Zeit darauf am meisten dargestellt worden und zählte zu einer der beliebtesten Rassen. Daß der Basset Hound sich nicht »massenhaft« verbreiten konnte, liegt an den Ansprüchen, die diese Rasse benötigt. Keineswegs ist der Basset Hound ein träger Stubenhund, sondern ein föhlicher und lebhafter Begleiter auf Spaziergängen, der die Natur mehr als das Stadtgewühl liebt.

Da mir im Namen aller Basset Hound-Kenner und -Züchter an der Weiterverbreitung dieser Rasse liegt, ist jegliche Information wichtig, die über das Wesen und die Haltung dieser liebenswerten Hounds aufklärt. Wichtige Voraussetzung für die Anschaffung eines Welpen ist zu wissen, daß es sich um eine Rasse handelt, die bis zum Erwachsensein annähernd zwei Jahre benötigt und überdies für ein intaktes »Miteinanderleben zwischen Mensch und Hund« eine zwar konsequente, aber mit viel Geduld und Liebe geführte Erziehung erforderlich ist. Nicht nur gutes Futter und ein Hundekörbchen gehören zur Haltung eines Hundes, sondern vieles mehr.

Viele Anregungen vermittelt dieses Buch und informiert über Herkunft, Standard, Zuchtwesen, Erziehung und Pflege sowie über Gesundheit und Krankheit.

Hoffentlich werden auch Sie nach dem Lesen dieses Buches zum Liebhaber dieser edlen Rasse!

Bad Godesberg, im März 1984

Anschriften, die Sie kennen sollten

Bundesrepublik Deutschland

Verband für das Deutsche Hundewesen e. V. (VDH)
Hoher Wall 20, 4600 Dortmund 1

Basset Hound-Club von Deutschland
Geschäftsstelle Gisela Ahlf
Leybergstraße 6, 5000 Köln 41

Jagdgebrauchshundverband (JGHV)
Braamweg 6, 2901 Kirchhatten

Verein für Französische Laufhunde (CCF)
Vorsitzender Dr. Wolfram Heinrich
Lacherstraße 62, 5650 Solingen-Widdert

Belgien

Féderation Cynologique Internationale (FCI)
14, Rue Léopold 11, B- 6530 Thuin

Großbritannien

The Basset Hound Club
Mrs. M. Seiffert, Chathil Cottage
Tandridge Lane, Oxted, Surrey

Literaturhinweis

Dr. Peter Beyersdorf
Mercedes Braun

Dein Hund auf Ausstellungen*
The complete Basset Hound
New York

Dr. med. vet. Peter Brehm
George Johnston

Dein Hund im Recht*
The Basset Hound
London

Ullrich Klever

Knauers Hundebuch
München

Joan Palmer

Die schönsten Rassehunde in Farbe*

Dr. med. vet. Peter Teichmann

ABC der Hundekrankheiten
Leipzig

Dr. Philippe de Wailley
Dr. Wolfram Heinrich,
Laurence Foyer,
Günter Elser

Hunde, Partner des Menschen
Paris

Zeitschriften

Verband für das Deutsche
Hundewesen e. V. (VDH)
Dortmund

Chien Courants de France
(CCF) Sitz Solingen

Unser Rassehund

Basset Hound-Club von
Deutschland e. V.
Sitz Mannheim

Satzungen/Standard,
Clubnachrichten

* Diese Titel sind innerhalb der Sachbuchreihe »dein hund« erschienen:
Verlagsgesellschaft Rudolf Müller, Köln

Inhalt

Herkunft
und Abstammung des Basset Hound

Aus Wölfen werden Hunde

Vor etwa 10 000 Jahren zwischen der Altsteinzeit und der Jungsteinzeit taucht in der nördlichen Erdhälfte der Hund in der menschlichen Gesellschaft auf. Dieser ferne, bereits domestizierte Vorfahr stammt vermutlich vom »Tomarctus« ab, einem niedrig gewachsenen Raubtier, »Ahnherr« des Wolfes und Schakals. Der Mensch hatte gelernt, aufrecht zu gehen, und er begriff seine Überlegenheit, wenn er im Kampf einen Stein in der Faust hielt, den Knüppel als Waffe entdeckte und aus Steinen und Knochen Pfeile und Speere fertigte, die ihm trotz seiner schwachen Körperkraft zum überlegenen Jäger werden ließ.

Bin ich die Schönste im ganzen Land?

An günstigen Lagerplätzen der Menschen entstanden Abfallhaufen aus Beuteresten, die zogen als bequeme Nahrungsquelle Wölfe und Schakale an. Zahlreiche psychische Eigentümlichkeiten dieser vitalen Räuber weisen genug Anzeichen auf, Körperlichkeit und Wesen unserer Hunde zu erklären. Für die Menschen war es nicht schwer, Jungtiere an sich zu gewöhnen, selbst erwachsene Tiere schlossen sich an. Enger und enger wurde so die Verbindung. Ihrer Natur folgend, hetzten und rissen sie schwächeres Wild, das die Jäger ihnen leicht abnehmen konnten. Allmählich entwickelten sich die vierbeinigen Lagergenossen zu unentbehrlichen Jagdgehilfen. Es bildeten sich Rudel von halbzahmen Wölfen. Die so in Menschennähe geborenen Tiere entwickelten sich zu etwas Neuem: zu Hunden, für die der Mensch das überlegene Leittier wurde.

Der Mensch gewann den Hund zum Wächter, Helfer und Freund; entscheidend dabei ist die Freiwilligkeit des Tieres. Markante Wesenszüge lassen auf das wölfische Erbe schließen, an denen ihre wilden Vorfahren zu erkennen sind.

Das Bellen erlernten die Hunde erst im Umgang mit den Menschen. Es dient nur der Verständigung mit seinem Leittier: begeistert freudig, bittend, klagend. Hunde, die durch unglückliche Umstände wieder verwildern, verlieren die Fähigkeit zum Bellen, denn Wölfe jagen stumm.

Entstehungsgeschichte der Basset Hound-Rasse

Falschinformationen führen immer wieder zu der Annahme, daß der als Basset bezeichnete Hund eine selbständige Rasse wäre. Ohne den Ursprung in längst ausgestorbenen französischen Rassen und Einkreuzungen der Beagle- und Bloodhound-Rasse (Bluthund) sowie wiederum Zuchtmischungen mit den kleinen französischen Niederlaufhunden (meistens mit dem »Basset Artésien Normand«), gäbe es die nun eigene Rasse »Basset Hound« nicht, so wie wir den heute stabilen und schönen Hound kennen, mit schwerem, stirnfaltigem Kopf, sanften braunen Augen, tiefhängenden weichen Ohren, langgestrecktem Rücken, keck getragener Rute und auf kurzen kräftigen Läufen mit dicken Pfoten! Allerdings ist der Charakter der französischen Niederlaufhunde im Basset

Sir Everett Millais's »Model«.

Hound eher verlorengegangen. Denn die Sprung- und Lauffreudigkeit sowie das lebhafte Temperament der französischen Varietäten ist einem bedächtigen, ruhigen, fast phlegmatischen Wesen gewichen. Das macht den Basset Hound mehr zu einem guten Ausstellungshund; die Liebhaber der französischen Rassen bevorzugen eher einen Gebrauchshund. Die Familie der französischen Laufhunde ist eine buntschillernde Palette an vielfältigen Rassen, an Farben des Fellkleides und an gut herausgezüchteten Größenunterschieden von Schlägen ein und derselben Rasse. Kein Zweifel besteht in der Aussage Karls IX. (1550 – 1574), daß mit wenigen Ausnahmen alle französischen Laufhunde ihren Ursprung in den vier alten Rassen der Königlichen Jagd haben:

☐ den Schwarz-roten Saint-Hubert aus den Ardennen,
☐ den Fahlroten Laufhund der Bretagne,
☐ den grauen Hunden Ludwigs des Frommen (778 – 840),
☐ den legendären »großen weißen Hunden des Königs«
   (Ludwig IX. (1215 – 1270).

Geht man weiter zurück, kommt die uralte Bezeichnung »Segusier«, der Bracke der Keltenstämme, ins Bild. Die französischen Rassenbezeichnungen wie – Fauve de Bretagne – Griffon Vendéen – Bleu de Gascogne – den Laufhund aus Artois und Normandie (Artésien Normand) – den Porzellanhund (Porcelaine) – den Ariégois –, um die Wesentlichen zu nennen, tragen fast alle die Namen von Landstrichen und ehemaligen Provinzen Frankreichs, aus denen sie ursprünglich stammten.

Einige Vertreter ein und derselben Rasse weisen mehrere größenunterschiedliche Schläge auf, wobei ansonsten die rassetypischen Merkmale erhalten sind. Alle kleineren Varietäten gehen entstehungsgeschichtlich

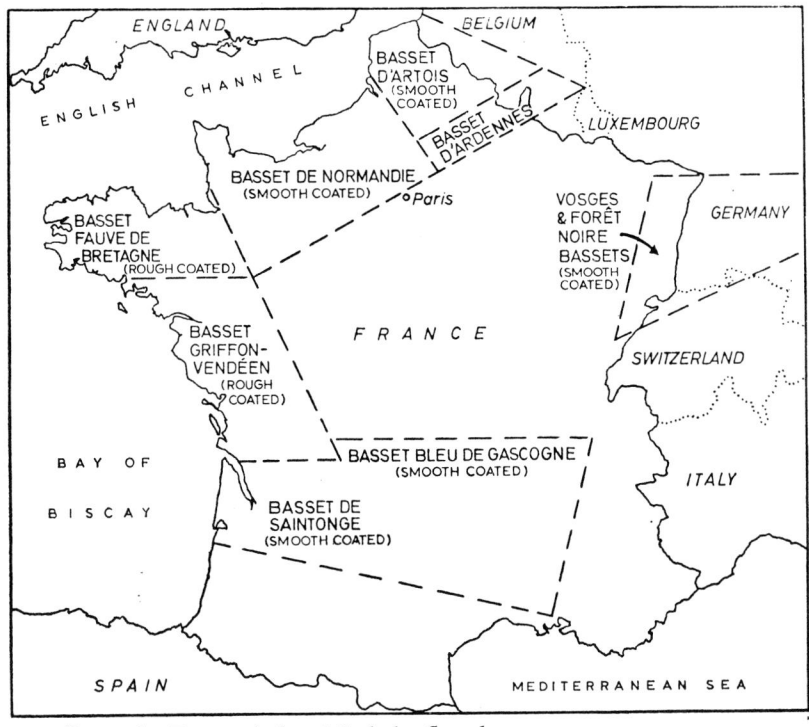

Landkarte der Französischen Niederlaufhunde.
smooth coated = Glatthaarig; rough coated = Rauhaarig.

aus den entsprechenden größeren Tieren hervor, aus diesem Grund tragen sie auch ihren Rassenamen mit der zusätzlichen französischen Angabe ihrer Größenbezeichnung.

Die großen hochläufigen Ursprungsrassen erhielten den Zusatz »grand« = groß, und die kleinen Varietäten »petit« = klein oder »Briquet« = Mischung zwischen groß und klein innerhalb ein und derselben Rasse. Die »Miniaturausgaben« bilden die sogenannten Bassets, die Niederläufigen.

Daraus ist zu erkennen, daß die Bezeichnung »Basset« ein Begriff der Größenbezeichnung ist. Man spricht vom Petit Bleu de Gascogne und vom Basset Griffon Vendéen, jedoch nicht von dem »Kleinen« oder »Niederläufigen« ohne die genaue Rasse hinzuzufügen.

Die Niederlaufhunde existieren nicht als eigenständige Rassen, vielmehr sind sie eine Art »Zwergschlag« von hochläufigen Vertretern anzusehen. Ein launiger Fehltritt der Natur setzte sie in die Welt. Durch sprunghafte Änderung im Erbgut (Mutation) hochläufiger französischer Rassen fielen vor einigen Jahrhunderten Würfe, von denen einige Welpen statt hochläufig kurzbeinig waren, in den übrigen Merkmalen jedoch genau dem Ebenbild ihrer Eltern entsprachen.

Im 16. Jahrhundert gab man diesen Tieren die Größenbezeichnung »Basset« (vom französischen »bas« = niedrig, tief), was frei übersetzt »bodenständiger, niedriger Hund« bedeutet. Gemeint ist das Maß für die Länge der Läufe. Heute existieren von vier verschiedenen Rassen der Niederlaufhundschläge, der Artésien-Normand, Bleu de Gascogne, Fauve de Bretagne und Griffon Vendéen.

Man schenkte ihnen im Verlauf einer längeren Zeitperiode kaum Beachtung und betrachtete sie als krüppelige Bastarde. Es zeigte sich jedoch bald, daß sie ihre Merkmale der Kurzläufigkeit exakt vererbten, sie also keine mißlungenen Kreaturen waren. So wurde man auf sie aufmerksam und erkannte ihre Eignung zu weniger raumgreifenden Jagden.

Im Prinzip stellen die verschiedenen niederläufigen Varietäten einen Hund auf »kurzen Läufen« mit dem Rumpf eines entsprechenden »hochläufigen« Vertreters dar. Diese Erscheinung hat den Begriff »Bassetismus« geprägt.

Die englische Bezeichnung »Basset Hound« wurde erstmals im Jahre 1863 auf einer Pariser internationalen Hundeausstellung genannt. Sie wurde aber einem französischen Niederlaufhund gegeben, der erst durch bestimmte Einzüchtungen sich zum »Basset Hound« entwickelte. Zehn Jahre später importierte der prominente englische Züchter Sir John Everett Millais einen Basset aus französischer Zucht, den er »Model« nannte; diesem Hund stand eine interessante Zukunft in England bevor.

1875 wurde Model auf einer Ausstellung in Wolverhampton in England vorgeführt, hier jedoch eher als »großer Dachshund« (Ursprung Deutschland) angesehen. Keineswegs war dieser Rüde der erste französische Import. Im Jahre 1866 hatte Lord Galway ein französisches Basset-Pärchen »Basset und Belle« nach England überführt, um mit diesen zu züchten. Lord Galway gab 1872 den größten Teil seiner Zucht an Lord Onslow ab. Sir Everett Millais war es nicht bekannt, daß Basset-Hündinnen in England existierten und paarte daher seinen Rüden Model mit einer Beagle-Hündin. Diese Zucht erbrachte in der zweiten Generation einen »Gewinner«. Aus der französischen Zucht des Grafen le Couteulx de Canteleu hatte Lord Onslow im Jahre 1877 mehrere Hunde eingeführt, um seine Jagdhundmeute zu vergrößern. Ohne Mitverwendung des Beagles in der Zucht züchtete er ab 1878 nur noch reine Linien. Nach ungefähr zwanzigjähriger (inzwischen) reiner Basset Hound-Zucht entschied sich Sir Everett Millais für eine Kreuzung mit der Bloodhound-Hündin »Inoculation« (Bluthund) und dem Basset Hound-Rüden »Nicholas«. Aus dieser Kreuzung sind in England beachtenswerte Ausstellungshunde hervorgegangen.
Offiziell machte die Basset Hound-Rasse in einer separaten A. V. Foreign Dog class (Ausländerklasse) im Jahre 1873 das Ring-Debut und wurde 1880 im Kennel Club (Zwingerclub) registriert.
Nicht nur das englische Königspaar, King Edward VII und Königin Alexandra, waren leidenschaftliche Basset Hound-Liebhaber geworden, auch galt Sir Everett Millais als Kenner und Enthusiast dieser Zucht.
Der Kennel Club, die Dachorganisation aller Rassehundvereine in England, wurde 1868 mit vierzig anerkannten Rassen gegründet; diesem gehörte auch ab 1884 »The Basset Hound Club« an, der 1954 neu geordnet wurde.
Zwei Jahre nach der Gründung, und zwar auf der ersten »Club-Show« in Aquarium Westminster, richtete Sir Millais bereits 120 Basset Hounds.

Der Basset Hound wurde in Europa und in Übersee bekannt.
Der Amerikaner Erastus Treff brachte 1922 von einer Reise nach England ein Basset Hound-Pärchen in die USA, um damit zu züchten. Sein Landsmann Mr. Livingstone importierte Bassets aus französischen Niederlaufhunde-Linien. Die bekannte amerikanische Züchterin, Leslie S. Kelly, hatte es sich in den Kopf gesetzt, die bisher dreifarbigen (tricolor) Basset Hounds (braun-schwarz-weiß) zweifarbig (bicolor) rot und weiß zu züchten, wobei das Rot noch lichter wurde; in der Farbsprache hieß es »Lemon«.
Der Basset Hound Club of Amerika Inc. wurde 1936 gegründet. Der Standard entspricht den Richtlinien des englischen.

Die ersten Basset Hound-Zwinger in Deutschland

Aus dem Zwinger »Vom Herzogtum Jülich« fiel 1957 der erste deutsche Basset Hound-Wurf. Als bekannter Züchterin verschiedener Rassen ist es Frau Mitzel Droemont gelungen, damit den Grundstein der Basset Hound-Zucht in Deutschland gelegt zu haben.
Im Januar 1957 erwarb Frau Droemont von einem englischen Offizier der Rheinarmee die zweijährige englische Basset-Hündin »Merit of Kimblewick«, die sie von dem französischen Basset Artésien-Normand-Rüden »Ch. Agile des Mariettes« decken ließ. Der Wurf fiel am 1. Mai 1957 mit drei Rüden und zwei Hündinnen unter dem Zwingernamen »Vom Herzogtum Jülich«. Der erfolgreichste Rüde aus diesem Wurf war »Marksman«. Er erwarb 1958 auf einer Ausstellung in Frankfurt am Main als erster deutscher Basset Hound den Titel »Deutscher Bundessieger«.
Zur Weiterzucht behielt Frau Droemont für ihren Zwinger den Rüden aus dem genannten Wurf »Michael«, der am 28.6.1959 in Düsseldorf das begehrte CACIB der FCI (Certificat d'Apitude au Championat Internationale de Beauté, heißt: Anwartschaft auf das internationale Schönheits-Championat der FCI) gewann.
1958 nahm Frau Droemont eine zweite Hündin, »Ariana Gräfin von Itzenblitz«, für ihre Zucht. Sie stammte von einer amerikanischen Mutter, »Queenie Gräfin von Itzenblitz« ab, die 1955 geboren worden ist.

Mitzel Droemont mit drei Basset Hounds aus ihrem ersten Wurf:
Michael, Marksman und Marietta.

»Queenie« besaß einen deutschen Zwingernamen und eine deutsche Zuchtbuchnummer, obwohl sie von einem amerikanischen Basset Hound-Rüden »Joquers Jet« gedeckt und tragend nach Deutschland zurückgekehrt war.
Um eine möglichst breite Zuchtbasis zu haben, schickte Frau Droemont ihre Tochter Wilma nach England. Sie erwarb dort eine sehr schöne Basset Hound-Hündin »Rossingham Emerald«, genannt Amber, geworfen am 7.9.1958, die 1959 den Titel »Deutsche Bundessiegerin« erworben

hatte. In den sechziger Jahren setzten sich die Zuchterfolge des Zwingers »Vom Herzogtum Jülich« fort.

Im Jahre 1960 deckte »Michael vom Herzogtum Jülich« seine Zwingergefährtin »Ariana Gräfin von Itzenblitz«, die am 2. Dezember 1961 die Welpen »Petra, Perle und Piter vom Herzogtum Jülich« zur Welt brachte.

Mit »Petra« begann die Cocker-Züchterin, Frau Margarita Krasemann-Birks, in Hösel, ihre Basset Hound-Zucht. Aus dem ersten Wurf nach »Petra und Michael vom Herzogtum Jülich« – der Rüde inzwischen als Vererber mit ausgezeichnetem Namen in der jungen deutschen Basset Hound-Zucht – fielen aus dieser Verbindung sechs Rüden.

»Northington's« Achmed, Zwingername von Frau Krasemann-Birks, erwarb Frau Erika Schlick, Dahlsheim, die mit ihrem Zwinger »Highgate« ebenfalls in die Reihe der damaligen erfolgreichen Züchter einging.

In den Jahren 1965 bis 66 importierte Frau Krasemann zwei Rüden aus England, und zwar den substanzvollen, starkknochigen »Sykemoor Khartoum« (geworfen am 21.9.1965) von dem bekannten englischen Züchter und Basset Hound-Buchautor George Johnston und den etwas feineren, eleganten »Pelhams Courageous Crispin« (geworfen am 22.9.1966), ebenfalls aus England von M. R. Holden. Es war geplant, die verschieden gearteten Typen zu mischen, was zum Teil auch gelang. Auch Frau Krasemann konnte aus ihrem Zwinger »Northington's« Zuchterfolge buchen, und zwar die Hündinnen »Northington's Beste und Northington's Belinda« (Mutter: »Petra vom Herzogtum Jülich« –, Vater: »Hadacre Sungarth Endeavour«). Der importierte Rüde »Sykemoor Khartoum« war in den Jahren 1967, 1968 und 1969 drei Jahre hintereinander ungeschlagener »Bundessieger«. So ging auch Frau Krasemann in die Anfangsgeschichte der Basset Hound-Zucht ein und trug ihr unverkennbares Markenzeichen auf Ausstellungen, bekleidet mit weißen Stiefeletten und elegant ihre zahlreichen Bassets vorführend. Fleißig im Verfassen von Schriften, veröffentlichte sie bereits 1967 eine kleine Basset-Broschüre, die sie mit Texten aus dem Englischen, von ihr selbst übersetzten, bereicherte.

Der Rüde »The Rock« (geworfen am 9.8.1969) aus dem Zwinger »Highgate«, genannt Pluto, erlebte die wohl bisher außergewöhnlichste Karriere im bisherigen Ausstellungswesen. Durch den unermüdlichen Ausstellungseifer seiner Besitzerin, Hassi Assenmacher-Feyel, erreichte er die Titel: Internationaler Schönheits-Champion und fast alle Europäischen Championate sowie den VDH-Sieger-Titel, Champion-Titel in mehreren osteuropäischen Ländern sowie eine Brauchbarkeits-, Spurlaut- und Schweiß-Prüfung. Sechs seiner Nachkommen erreichten inzwischen den Titel »Internationaler Schönheits-Champion«.

Ein weiterer würdiger Vertreter aus dem Zwinger »Highgate« war der Rüde »Highgate Huntsman«, Besitzerin Ulla Kliebenstein. Er errang auf einer deutschen Ausstellung als erster Hund deutscher Zucht den Titel »Deutscher Champion«.

Noch heute bestehen einige bekannte Zwingernamen aus dem Ursprung des Zuchtbeginns von Mitzel Droemont, und bis heute hat der Zwinger »Vom Herzogtum Jülich«, unter der Führung ihrer Tochter, Wilma Droemont, an Bekanntheitsgrad nichts eingebüßt.

Als »Grande Dame« und mit sportlich fairer Einstellung zur Hundezucht sagte Mitzel Droemont bereits 1964 folgendes:

»Von der Überlegung ausgehend, daß sich diese Rasse ständig neue Liebhaber erobert, wird es in Zukunft unvermeidlich sein, meine Zucht- und Ausstellungserfolge mit anderen Zwingern zu teilen. Doch, wenn ich schon nicht Alleinbesitzerin der Basset Hounds in Deutschland bleiben kann, so gereicht es mir und meinem Zwinger zur Ehre, wenn die künftigen Züchter mit Hunden »Vom Herzogtum Jülich« den Anfang machten!«

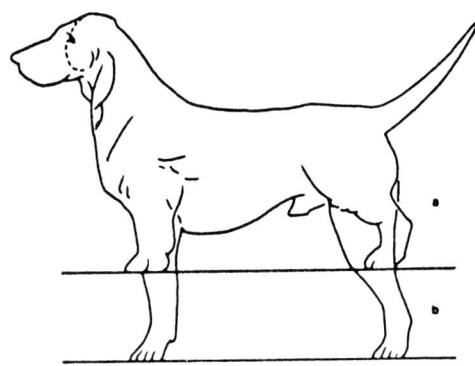

18 *Größenunterschied (s. Seite 13).*

Rassestandards

Standards der vier Französischen Niederlaufhunde

Basset Artésien-Normand, (BAN) – Basset Fauve de Bretagne, (BFB) – Basset Bleu de Gascogne, (BBG) – Basset Griffon Vendéen, (BGV).

Basset Artésien-Normand (BAN). Französicher Niederlaufhund für die Jagd auf Kleinwild. Für den Jäger, der sich nicht viele Hunde halten kann, ist er ein praktischer und intelligenter Niederlaufhund. Er ist jagdeifrig und hat einen guten Charakter.

Allgemeine Erscheinung. Größe 20 bis 36 cm, Gewicht bis 15 kg. Seine Bewegungen sind lebhaft und geschmeidig.

Kopf. Gewölbt, mittelbreit, Stop ohne Übertreibung betont. Nase schwarz und breit, etwas über die Lefzen vorstehend. Augen groß und

Basset Artésien Normand.

19

dunkel. Ohren tief angesetzt, schmal im Ansatz, korkenzieherartig gedreht, weich, fein, sehr lang.

Körper. Hals ziemlich lang mit etwas Kehlwamme. Brustbein gut hervorspringend, breit weg. Rücken gut gestützt. Flanken herabgelassen und voll. Schultern rund, stark und kurz, gut bemuskelt.

Vorderläufe. Kurz, stark oder halbgedreht, niemals knickend. Sprunggelenke leicht gewinkelt, stark.

Pfoten. Groß, der BAN sollte die Fußspuren eines großen Hundes hinterlassen.

Haarkleid. Glatt, kurz, anliegend und nicht zu fein.

Farben. Dreifarbig (tricolor), Schwarz-Braun-Weiß, oder zweifarbig (bicolor), Weiß-Orange.

Der von der »Société Central Canine« anerkannte BAN ist in Frankreich seit seinem Erscheinen ein gesuchter Jagdhund.

Basset Bleu de Gascogne (BBG). Guter kleiner Niederlaufhund, der für die Jagd auf Hase und Reh geeignet ist, gut auf Fährte, in der Arbeit langsamer. Der BBG hat einen besonders vollen Spurlaut. Sein Geruchssinn ist gut ausgeprägt.

Allgemeine Erscheinung. Größe etwa 33 cm, Gewicht etwa 15 kg. Der BBG ist kräftig, aber ohne Schwere.

Kopf. Trocken, länglicher Spitzbogen, eher schmal als breit. Nase schwarz, Nasenrücken lang und leicht gebogen. Augen dunkelbraun. Ohren tief angesetzt, lang, fein, gefaltet.

Körper. Hals ziemlich lang, etwas Kehlwamme, Brust tief und breit, Rücken lang und gut gestützt. Flanken ziemlich herabgelassen. Schultern muskulös, aber ohne Schwere.

Vorderläufe. Stark, gerade, aber halbgedreht.

Pfoten. Ziemlich stark, oval, Ballen und Krallen schwarz.

Haar. Kurz, dicht, nicht zu fein, Blau oder Weiß mit mehr oder weniger ausgebreiteten Sprenkeln. Haut weiß, mit schwarzen Flecken.

Rute. Gut angesetzt, ziemlich lang.

Basset Fauve de Bretagne (BFB). Niederlaufhund, der vor allem für die Kaninchenjagd eingesetzt wird, er ist vor allem in Dickicht und dorni-

Basset Bleu de Gascogne.

gem Gestrüpp gut zu gebrauchen. Der BFB hat viel Jagdpassion und ist ein lebhafter Niederlaufhund mit einem großen Raumbedürfnis.

Allgemeine Erscheinung. Größe etwa 33 cm, Gewicht etwa 15 kg.
Kopf. Schädel mittellang, mit betontem Hinterhauptbein. Nase dunkel, gelegentlich braun (unerwünscht). Augen möglichst dunkel, Bindehaut nicht sichtbar, Ohren am Ansatz schmal, mittellang, kaum bis zur Nasenspitze reichend, mit feinerem und weicherem Haar bedeckt als auf dem Körper, jedoch niemals seidig.
Körper. Hals ziemlich kurz und muskulös. Brust breit und ziemlich herabgelassen. Rücken weniger lang als bei anderen französischen Niederlaufhunden.
Vorderläufe. Gerade, Sprunggelenke stark. Pfoten geschlossen.
Rute. Dick im Ansatz, leicht sichelförmig getragen, nicht zu lang.

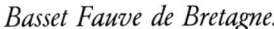
Basset Fauve de Bretagne.

Haar. Sehr hart, dicht, fast glatt, flach, niemals wollig.
Farben. Kräftig Weizengelbgold oder etwas Fahlrot, mitunter mit weißen Flecken auf der Brust und Hals (unerwünscht).

Basset Griffon Vendéen (BGV). Die zwei Varietäten des Niederlaufhundes, die große und die kleine, sind Nachkommen des »Grand Griffon Vendéen« (Brusthöhe 60 bis 65 cm).
Allgemeine Erscheinung. Großer Schlag 38 bis 42 cm, kleiner Schlag 34 bis 38 cm, Gewicht 15 bis 18 kg.
Der BGV ist langgestreckt und hat rauhes Haar.
Kopf. Kräftig, länglich, gewölbt, betonter Stop. Buschige Augenbrauen, kräftiger Bart. Nase schwarz, Fang lang, viereckig. Augen groß und dunkel. Ohren schmal und fein, unterhalb der Augenlinie angesetzt.
Körper. Hals lang, kräftig ohne Wamme. Brust tief. Rücken gestreckt. Sprunggelenke gewinkelt.
Voderläufe. Gerade und starkknochig. Katzenpfoten.
Rute. Hoch angesetzt, dick im Ansatz und sich verjüngend, säbelförmig getragen.
Haarkleid. Hart, nicht zu lang, rauhharig oder anliegend.
Farbe. Zwei- und dreifarbig.

Basset Griffon Vendéen.

Charakterbeschreibung der zuvor genannten Französischen Niederlaufhunde: Dem Begriff »Laufhunde« entsprechend, brauchen diese Rassen
ausreichend Bewegung. Wird diese Voraussetzung erfüllt, können die
kleineren Rassen auch in der Stadtwohnung gehalten werden. Sie sind jedoch keine Stubenhunde, sondern bevorzugen die freie Natur. Ihres
temperamentvollen Charakters wegen, müssen die Hunde in der Stadt
an der Leine geführt werden.
Sie sind von robuster Gesundheit, so daß sie auch im Winter in einer ge-
schützten Hütte ohne Schwierigkeit gehalten werden können. Als Meu-
tehund besitzen sie ein ausgeprägtes Sozialverhalten, das sie in menschlicher Gesellschaft zu einem angenehmen Partner macht. Sie sind ohne
Falschheit, und insbesonders Kindern gegenüber sanft und liebenswür-
dig. Wach- und Schutzfunktionen sind nur mäßig entwickelt. Die feine
Nase macht sie zu hervorragenden Stöberhunden, der weithin hörbare,
oft geheulte Spurlaut aus hohler Kehle ist ihnen angeboren.

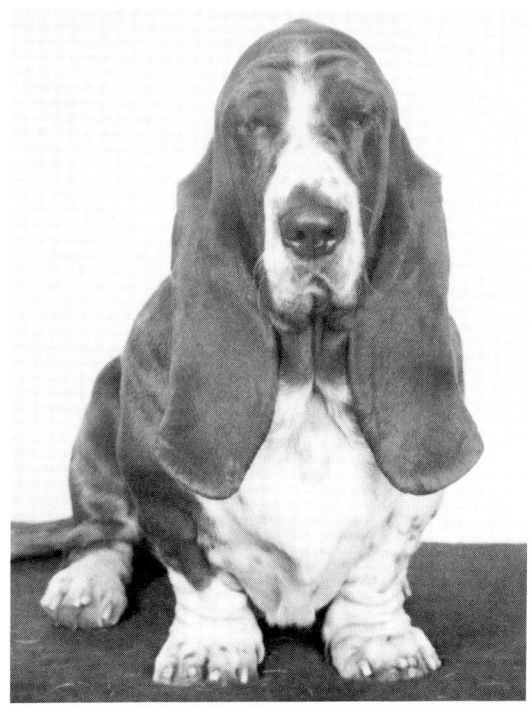

*Champion »Antonius«
vom Piccadilly Circus«,
der Welt meist prämier-
ter Basset Hound Rüde.*

Basset Hound Standard (GB 163)

Ursprungsland: Großbritannien
Gesamteindruck. Ein niederläufiger Hund mit beträchtlicher Substanz, ausgewogen und voller Qualität.
Kopf und Schädel. Gewölbt, mit etwas Stop und herausragendem Hinterhauptbein, von mittlerer Breite in der Höhe der Brauen, zur Schnauze schmaler verlaufend. Der Gesamteindruck des Gesichts ist schmal, jedoch nicht spitz. Der Nasenrücken verläuft fast parallel mit der Linie vom Stop zum Hinterhauptbein und ist nicht viel länger als der Kopf vom Stop zum Hinterhauptbein. Stirn und Wangen können einige Falten zeigen, und in jedem Fall soll die Haut am Kopf so lose sein, daß sie sich deutlich sichtbar runzelt, wenn sie nach vorn gezogen oder der Kopf gesenkt wird. Die Lefzen der Oberlippe sollen die der Unterlippe beträchtlich überlappen.

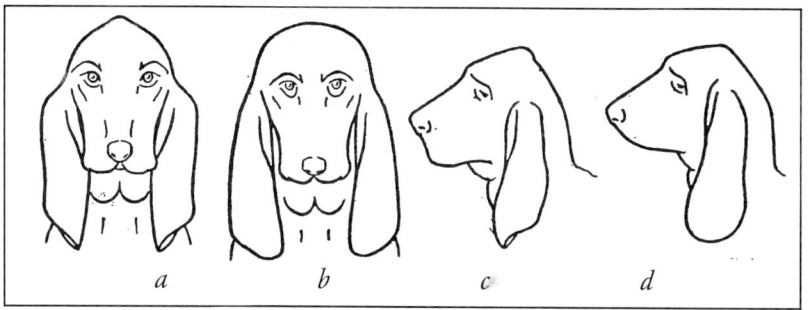

a Korrektur Kopf mit gutem Hinterhauptbein, gut angesetzer Behang, spitz auslaufend.
*b Fehlerhafter Kopf mit nicht ausgeprägtem Hinterhauptbein und fehlerhaft angesetzen
   Behang. Fehlerhaft spitz auslaufend.*
c Korrekter Kopf mit gut angesetzen Behang. Korrekt eingerollt und spitz zulaufend.
d Fehlerhafter Kopf, zu flach, runder Behang, Spitzen fehlerhaft rund auslaufend.

Augen. Braun, können jedoch bei hellen Hunden bis haselnußfarben
sein, weder hervortretend noch zu tief liegend. Der Ausdruck ist ruhig
und ernst, und das Rot der Nickhaut ist zu sehen, jedoch nicht übermäßig.

Ohren. Tief angesetzt, jedoch nicht übertrieben, niemals über der Augenlinie, sehr lang, reichen mindestens bis zur Spitze eines korrekt langen Fanges, schmal in der gesamten Länge und gut eingedreht, sehr geschmeidig, fein und samtig in ihrer Beschaffenheit.

Gebiß. Regelmäßiges Scherengebiß, obwohl ein Zangengebiß kein Fehler ist.

Nase. Völlig schwarz, außer bei hellen Hunden, bei denen sie braun oder
leberfarben sein kann; große, gut geöffnete Nüstern. Sie kann ein wenig
aus den Lefzen herausragen.

Hals. Muskulös von guter Länge mit gut ausgeprägter, aber nicht über-
triebener Wamme.

Vorderhand. Schulterblätter gut zurückgelagert und Schulter nicht
schwer. Vorderläufe kurz, kräftig und mit starken Knochen, Ellenbogen
weder aus- noch einwärts gedreht, sondern passen sich gut an die Seiten
an. Der Unterarm ein wenig einwärts gebogen, jedoch nicht so stark, daß
er die freie Bewegung behindert, so daß sich eventuell sogar im Stand

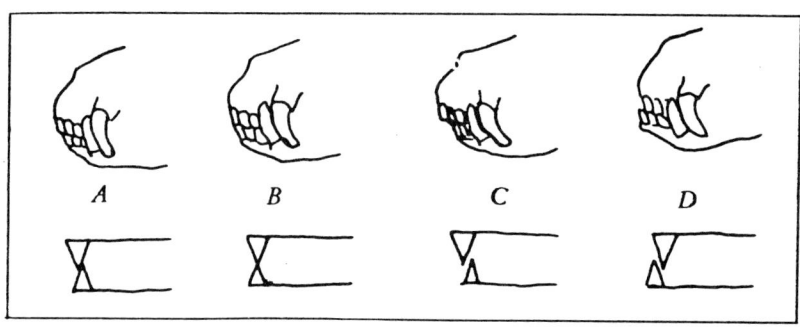

A = Scherengebiß. B = Zangengebiß. C = Rückbiß. D = Vorbiß.

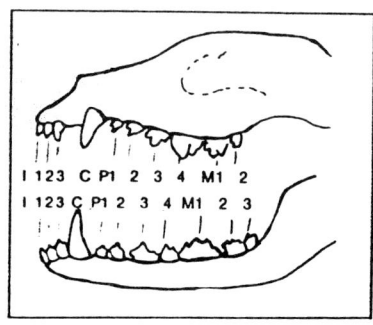

Das Gebiß des Hundes

I   = Incisivi = Schneidezähne
            (6 oben, 6 unten)
C   = Canini = Fangzähne
            (2 oben, 2 unten)
P   = Praemolaren   (8 oben, 8 unten)
M   = Molaren   (2 oben, 3 unten)

oder in der Bewegung die Läufe berühren. Überknöcheln ist ein schwerer Fehler. Zwischen Elle und Pfote können sich Hautfalten zeigen.
Körper. Das Brustbein springt leicht hervor, aber der Brustkorb soll weder schmal noch unverhältnismäßig tief sein; die Rippen wohl gerundet und gut aufgerippt; der Rücken ziemlich breit und gerade, wobei Widerrist und Hüfte ungefähr auf gleicher Höhe liegen, obwohl die Nierenpartie leicht ansteigen darf. Der Rücken zwischen Widerrist und Kruppe sollte nicht übermäßig lang sein.
Hinterhand. Sehr muskulös und gut aufgesetzt. Sie sollte beim Anblick des Hundes von hinten fast kugelförmig erscheinen, gut gewinkelt, die Sprunggelenke so niedrig am Boden wie möglich und leicht unter den Hund gezogen, jedoch weder ein- noch ausgedreht. Beim natürlichen Stand sollten sie leicht unter dem Körper stehen. Eine oder zwei Hautfal-

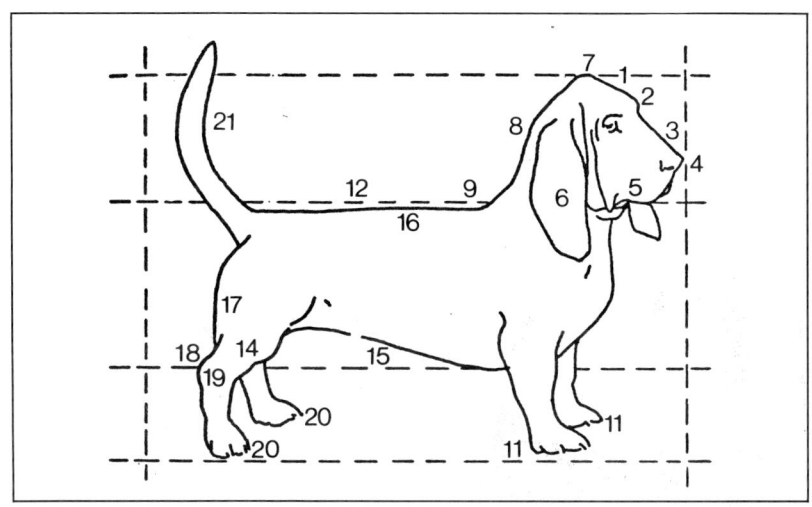

Gebäude

1 Oberkopf	8 Hals (Wamme)	15 Bauch
2 Stop	9 Widerrist	16 Kruppe
3 Nasenrücken	10 Vorbrust	17 Oberschenkel
4 Nasenkuppe (Schwamm)	11 Vorderpfoten (Läufe)	18 Unterschenkel
5 Lefze	12 Rücken	19 Sprunggelenk
6 Ohr	13 Unterbrust	20 Hinterpfoten
7 Hinterhaiptbein	14 Flanken	21 Rute

ten können zwischen Sprunggelenk und Pfote erscheinen sowie eine kleine Tasche am Gelenk selbst als Ergebnis der losen Haut.

Pfoten. Mächtig, gut aufgeknöchelt mit festen Ballen. Die Vorderpfoten können geradeaus gerichtet oder ganz leicht nach außen gedreht sein. In jedem Fall muß der Hund voll auftreten, indem das Gewicht gleichmäßig auf Zehen und Ballen verteilt wird, so daß die Pfoten den Abdruck eines großen Hundes hinterlassen, wobei kein Punkt des Bodens unberührt bleiben darf.

Rute. Gut angesetzt, ziemlich lang, stark am Ansatz, sich nach oben verjüngend, mit rauhem Haar an der Unterseite. In der Bewegung wird die Rute nach oben, leicht säbelförmig über dem Rücken getragen, jedoch niemals eingerollt oder überzogen.

Fell. Glatt, kurz und dicht, ohne fein zu sein. Der Gesamteindruck sollte

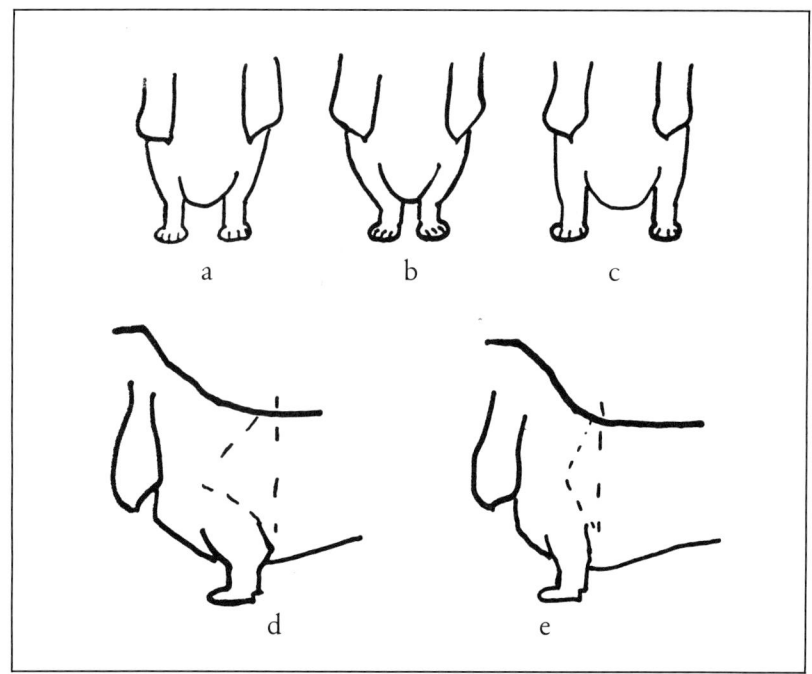

Vorderansichten

a *Korrekter Stand.*
d *Korrekte Haltung*
  (Winkelbildung).

b *Zu geschlossen.*
e *Gesenkte Schulter*
  (fehlerhaft).

c *Zu weit.*

glatt ohne Federn sein. Vorhandenes langes, weiches Fell mit Federn ist höchst unerwünscht.

Farbe. Allgemein Schwarz-Weiß-Braun oder Rot-Weiß, aber jede anerkannte Laufhundfarbe ist ebenfalls akzeptabel.

Bewegungsablauf. Er ist äußerst wichtig. Eine fließende freie Bewegung, wobei die Vorderhand weit ausgreift und die Hinterhand einen kräftigen Schub bringt, so daß der Hund Vorder- und Hinterhand in vollem Einklang miteinander bewegt. Weder Sprung- noch Kniegelenk soll in der Bewegung steil wirken, noch sollen die Zehen nachgezogen werden.

28

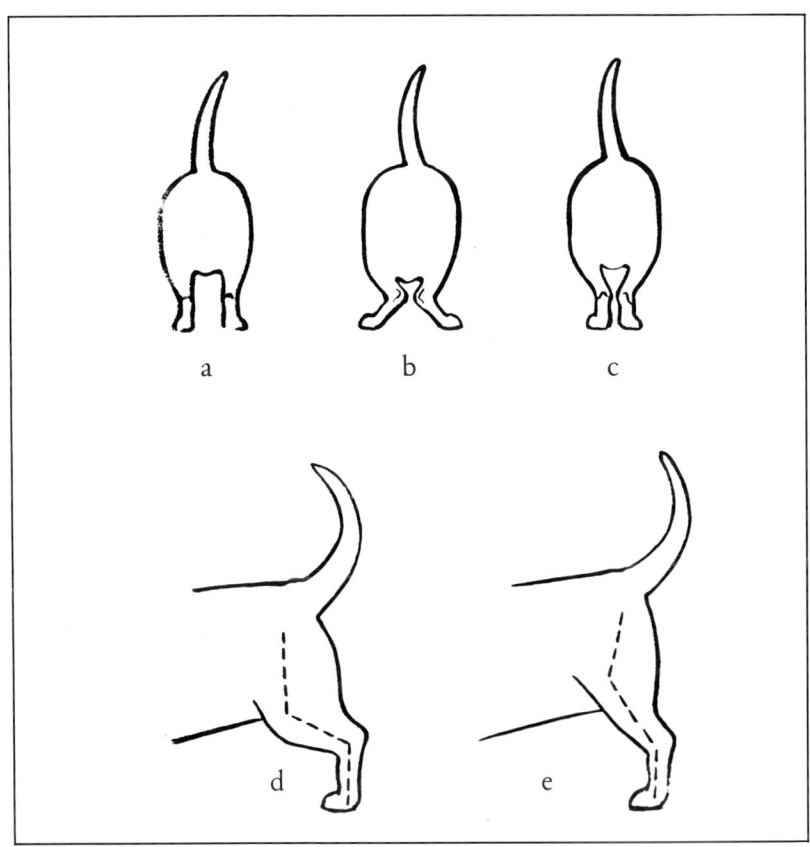

Hinteransichten

a Korrekt.	*b Kuhhessig.*	*c Zu geschlossen.*
d Korrekte Haltung	*e Fehlerhafte Haltung*	
(Winkelbildung).	*(Winkelbildung).*	

Höhe. 33 bis 38 cm.

Fehler. Jegliche Abweichung von den vorgenannten Punkten muß als Fehler betrachtet werden, der genau im Verhältnis zu seiner Stärke beurteilt werden sollte.

Überlegungen
vor dem Kauf eines Basset Hound

Ein englischer Züchter riet einem unentschlossenen Käufer auf die Frage, ob Rüde oder Hündin, ob Einzelhund oder Meute folgendes:
Double the pleasure, double the fun – having two Bassets is better than one! Was heißen sollte: Doppeltes Vergnügen, doppelter Spaß ist besser, wenn man zwei Bassets besitzt als nur einen . . .
Wir, unsere kleine Familie, haben uns für diesen Vorschlag entschieden

Margit mit einer Siegergruppe aus dem dänischen Basset Hound Zwinger »Ba-stetorphus«.

und gehörten in Deutschland zu den ersten wenigen Basset Hound-Besitzern mit zwei Wurfbrüdern aus den ebenfalls ersten deutschen Basset Hound-Züchtungen. Damit nicht genug: Wir erwarben kurze Zeit darauf einen reinen Engländer als »dritten Mann« dazu. Diese drei Hounds sollten uns davon überzeugen, daß der Basset Hound der »Absolute Hund« ist.

Nicht unüberlegt sind wir diesen Schritt gegangen, alle Voraussetzungen für die etwas ungewöhnliche Hundehaltung von drei Rüden einer verhältnismäßig unbekannten Rasse waren gegeben. Wir hatten ein günstig gelegenes Haus mit Garten ohne besonders nahe Nachbarschaft. Wir wohnten auch so günstig, daß Spaziergänge ohne Autofahrten gemacht werden konnten. Es ergaben sich auch keine finanziellen Probleme; und Bewegung und Spaziergänge waren nach anstrengender Berufstätigkeit unser Hobby, dem wir, so oft es nur möglich war, nachgingen.

Ich hatte bereits in Amerika während eines längeren Aufenthalts enge Beziehungen zur Basset Hound-Rasse geknüpft und mich mit dem starken und doch sanften Charakter dieser Rasse auseinandergesetzt.

Wo kauft man einen Basset Hound?

Als wir uns Anfang der sechziger Jahre für die Anschaffung eines Basset Hound interessierten, war diese Rasse in Deutschland noch recht unbekannt. Auf Staunen und nicht immer liebenswürdige Bemerkungen mußten wir uns auf Spaziergängen mit unserer prächtigen Meute natürlich gefaßt machen.

Über amerikanische Freunde erfuhr ich von englischen Züchtern in Europa und von denen, daß es bereits hierzulande einige deutsche Züchter gäbe. Wir wollten uns den Hund selbst aussuchen und nahmen das Angebot dankend an. Diesen Umweg braucht man heute nicht mehr zu machen, weil es auf dem Rassehunde-Sektor gute Informationsquellen gibt. Die Möglichkeiten zum Kauf sind vielfach; doch sollte man einiges zuvor berücksichtigen:

a Beim Züchter hat man die Gelegenheit, Elterntiere und Welpen vor dem Kaufentschluß genau anzuschauen, außerdem informiert der erfahrene Züchter Wissenswertes zur Gestalt und zum Charakter seiner Tiere;

b das zuletzt Gesagte trifft auch für den Basset Hound-Besitzer zu, der aus bestimmten Gründen seinen jungen oder älteren Hund abgeben muß.

c Auch das dem Tierschutz angeschlossene Tierheim, in dem aus welchen Gründen auch immer, ein Basset Hound Aufnahme fand, ist zu Auskünften bereit.

Der Verband für das Deutsche Hundewesen e. V. (VDH) in Dortmund, nennt dem Interessenten Adressen von Züchtern, die Würfe haben oder in Kürze erwarten. Der sicherste und preiswerteste Kauf ist immer beim Züchter direkt.

Steht man der Rasse »Basset Hound« ganz neu gegenüber, sollte man zunächst Rassehunde-Ausstellungen besuchen, und die Hounds im Ring und in der Ausstellungsbox anschauen, also fellnahen Kontakt zu ihnen aufnehmen. Auf solchen Veranstaltungen bietet sich auch die beste Gelegenheit für ein Gespräch mit den Hound-Besitzern.

Rüde oder Hündin?

Das ist eine grundsätzliche Frage. Rüden sind im allgemeinen unabhängiger, selbstbewußter, eigenwilliger. Das Maß an Zärtlichkeitsbezeugung »bestimmt« der Rüde selbst, nicht sein Menschenfreund. Er kämpft um eine Rangordnung, auch zwischen Mensch und Hund. Ein rührender Charakterzug ist dem Rüden eigen, alles Schwache zu beschützen. Wenn man ihn mit gütiger Konsequenz erzieht, hat man einen braven Hound mit etwas Dickkopf. Nicht spontan reagiert er auf einen Befehl, daran muß man sich gewöhnen.

Die Hündin ist anschmiegsamer, zärtlicher und häuslicher, sie läßt sich leichter erziehen und wird schneller stubenrein. Daß sie zweimal im Jahr »läufig« wird und für diese Zeit gewissermaßen eine »Quarantänezeit« durchleben muß, wenn man keinen Nachwuchs haben möchte, sollte nicht davon abhalten, sich dieses liebenswerte Wesen ins Haus zu nehmen. Seitdem es genügend Möglichkeiten gibt, bei Hündinnen unerwünschten Nachwuchs zu unterbinden, ist die Frage, weiblich oder männlich, leichter zu beantworten. Doch sollte man bei der Wahl nicht gleich an eine Unterbrechung des Zyklus denken, sondern diese natürliche Unannehmlichkeit in Kauf nehmen.

Der Rüde markiert seine Duftmarke an jeder Hecke oder Hauswand, was manchen Grundbesitzer verärgert und auch Anlaß zu Streitigkeiten ist. Der Rüde läuft bei bestimmten Gerüchen, ohne zu gehorchen, den Hundedamen nach, doch sind auch die Hündinnen in der Zeit der Läufigkeit nicht besonders gehorsam, das ist eben ein Naturtrieb. Innerhalb einer Familie mit Kindern spielt die Wahl eines Rüden oder eine Hündin keine große Rolle. Durch das Meuteverhalten des Basset Hound paßt er sich ohne Schwierigkeiten einer Gruppe an. Menschen, die allein leben, würde ich raten: Dem Herrn seinen Rüden, der Dame ihre Hündin!

Welpe oder Junghund?

Die glücklichste Fügung ist zweifelsfrei einen Welpen-Basset (Rüde oder Hündin) mit nach Hause zu nehmen. Er ist so zu formen und zu erziehen, wie man selbst lebt. Nach den Regeln der gütigen Konsequenz könnte die Erziehung unseres Basset Hound nach dem ersten Lebensjahr fast abgeschlossen sein.

Nimmt man einen etwas älteren Hound auf, ist nicht gewährleistet, ob man die wahren Gründe der vollzogenen Trennung erfährt. Viel Geduld und Zeit gehört dazu, das arme Geschöpf so lebensfroh um sich zu haben, wie man sich das wünscht.

Eine traurige Begebenheit erfuhr ich von einem Basset Hound, der bereits das zweite Mal im Tierheim abgegeben wurde von unterschiedlichen Leuten, die sich für ihn interessiert hatten. Der Rüde war »straßenrein«, er machte seine kleine und große Notdurft lieber auf einen weichen Teppichboden, als auf regennassen und kalten Straßen. Dieses Versagen ist nicht dem Rüden anzulasten, sondern denen, die ihn als Welpen ohne Geduld aufzogen.

Ist der Basset Hound ein Jagdhund?

Im 17. Jahrhundert waren Jagdhunde nur in Schlössern zuhause. Der Niederländer Jan Wildes malte in dieser Zeitepoche seine »Winterland-

Lord in Fotopose.

schaft mit dem Jäger«. Der Waidmann wird von zwei Windhunden und einem Basset begleitet, doch dieser »Basset« ist der lebhafte Französische Niederlaufhund, der Ahnherr des jetzigen Basset Hound. Sicher hat dieser oder jener Basset Hound das Erbe der Jagd noch in sich, die feine Nase hat an nichts verloren. Und wenn ein jagdeifriger Hound-Besitzer Freude an der Ausbildung seines Basset Hound mit Abschluß aller Prüfungen hat, so soll er einen Jagdhund aus ihm machen. Nur er wird bei der Jägerschaft auf wenig Interesse stoßen. Aus Raum- und Sparsamkeitsgründen bevorzugt der Jäger nämlich einen Hund, den er für mehrere jagdliche Tätigkeiten einsetzen kann.

34 Die bekannte Züchterin und internationale Richterin, Hannelore Ull-

mann, schrieb in der Zeitschrift »Unser Rassehund« ihre Meinung zu dem Thema »Ist der Basset Hound ein Jagdhund?« folgendes:

»Auch das muß einmal gesagt werden: Wenn es Hundehalter gibt, die zu einem jagdlich, erfolgreichen Basset Hound kommen, so kann man dazu gratulieren. Ich weiß, daß es Freude macht, mit seinem Hund zu arbeiten, wenn Hund und Herr durch das gemeinsame Arbeiten zu Partnern werden, und wie schön ist es, auch noch Prüfungen mit Erfolg abzulegen. Ich meine aber, man sollte sich, bevor man den Entschluß faßt, seinen Basset Hound jagdlich zu führen, ganz realistisch die Frage stellen, ob nach erfolgreich abgelegter Prüfung auch die Möglichkeit besteht, den Hund wirklich jagdlich einzusetzen.

Sicher ist auch uns Züchtern bekannt, daß der Basset Hound den Jagdhunderassen zugeordnet wird, so wie wir ihn jedoch von den Ausstellungen her kennen, ist er mit Sicherheit für einen erfahrenen Jäger indiskutabel. Wir müssen einsehen, daß für einen Jagdgebrauchshund, wie manche den Basset Hound gerne hätten, schon 25 kg auf so kurzen Beinen ein Ballast sind. Man sollte es deshalb jedem Züchter überlassen, ob er auf Schönheit oder Leistung züchtet. Ganz sicher sollte honoriert wer-

Basset Griffon Vendéen-Welpe.

35

den, wenn der Züchter sich bemüht, dem Standard gemäß zu züchten. Dann aber sieht der Basset Hound nun einmal anders aus als die, welche wir in England beim »Hunting« (Jagd) sahen oder die, welche in den USA unter »Field Trial Bassets« laufen.

Einen schönen Basset Hound kann man bedenkenlos jedem Hundefreund verkaufen; bei einem auf Leistung gezüchteten Basset Hound kommen mir Bedenken. Mir ist kein Basset Hound bekannt, der bei uns auf Ausstellungen die ersten Plätze belegt und gleichzeitig mit Erfolg jagdlich voll geführt wird.

Beim Basset Hound wird es immer nur den Schau- oder den Leistungshund geben, und der Besitzer des letzteren muß sich damit abfinden, wenn der Richter den Erstgenannten vorzieht, weil er gemäß dem Standard richtet. Laßt also die einen ihre Basset Hounds zur »Jagd« führen und die anderen ihre Basset Hounds zur Ausstellung; wir sollen uns aber davor hüten, zweierlei Basset Hounds zu züchten, nur weil ein paar Möchtegern-Jäger ihren Basset Hound einmal jagdlich geführt haben.«

Hundesteuer

Selbst der eindrucksvollste Hund aller Rassen, der Basset Hound, mit seelenvollen dunklen Augen, traurig lang herabhängenden Ohren und patschigen Pfoten kann die Gesetzgeber nicht beeindrucken, von der Vorschrift der als Aufwandsteuer bezeichneten Hundesteuer abzuweichen. Leider gibt es in Deutschland keine einheitliche Regelung. Weder zwischen den Ländern noch für Stadt und Land kann man sich über die Höhe der Hundesteuer einigen. Man müßte von einem Ort zum anderen umziehen, um den teilweise recht großen Erhöhungen zu entgehen.

Schafft man sich mehrere Hunde an, so wird nach dem ersten Hund für jeden weiteren eine höhere Steuer verlangt. Dem Besitzer wird nach geleisteter Zahlung eine Plakette ausgehändigt, die der Hund ständig am Halsband tragen soll, als Nachweis für bezahlte Steuern.

Nicht erst wenn ein Hund im Hause aufgenommen ist, sollte man überlegen, ob die Steuerbelastung (mit Steigerungen) für den eigenen Geldbeutel tragbar ist, denn weitere Unkosten kommen noch hinzu.

Haftpflicht und Mietvertrag

Zum Beispiel die Haftpflicht: Wer einem anderen Schaden zufügt, ist bekanntlich schadenersatzpflichtig. Ärger sowie mögliche Anwalts- und Prozeßgebühren kommen ebenfalls hinzu, wenn beispielsweise ein Mietvertrag, nach dem keine Tiere gehalten werden dürfen, unterlaufen wird.

Nach Artikel 2 des Grundgesetzes hat jeder das Recht auf die freie Entfaltung seiner Persönlichkeit. Der Hund gehört zur Lebensführung und trägt zur Bereicherung des Lebensinhalts vieler Tierfreunde bei. Tierliebe ist eine den Menschen veredelnde Eigenschaft. Die Verbundenheit von Mensch und Tier soll darum gefördert werden. Der Tierfreund braucht den Kontakt zum Tier, der Hundefreund »seinen Hund«, um seine Persönlichkeit frei entfalten zu können. Das Grundgesetz hat hier jedoch die Einschränkung, daß die Rechte anderer nicht verletzt werden dürfen.

Impfzwang. (Nur gegen Gebühr oder Honorar.) Da es ohne »Impfung« nicht mehr geht, ist aus der bisherigen einfachen Impfbescheinigung nunmehr ein »Impfpaß« geworden. Es mußten Gesetze geschaffen werden, um unser enges Zusammenleben zwischen Mensch und Tier vor Seuchen und Ansteckungen zu schützen. Amtstierärzte und frei praktizierende Tierärzte führen nach den gesetzlichen Bestimmungen diese Impfungen durch, sie werden je nach Art der Imfpung im Paß eingetragen und in manchen Ländern innerhalb Deutschlands dem Hundebesitzer eine kleine Plakette ausgehändigt, die sichtbar am Halsband getragen werden soll. Nun, ohne Bezahlung dieser Anwendung geht nichts vonstatten.

In dem Buch »Dein Hund im Recht«, in der Sachbuchreihe »dein hund« erschienen, hat Dr. med. vet. Peter Brehm mit Akribie für den Leser verständlich die vielen Gesetze entflechtet, ohne die Hundehaltung heute angeblich kaum noch möglich ist. Früher waren Hund und Katze im Hause etwas Selbstverständliches, in der Gegenwart lebend ist schon ein Spaziergang durch Stadt und Land oder eine Parkanlage nur noch mit Vorschriften und, bei deren Nichtbefolgen, mit ziemlich hohen Geldstrafen verbunden: »Hunde sind an der Leine zu führen« oder »Hunde müssen draußen bleiben!«

Basset Hound-Club
von Deutschland e. V. (BHC)

Basset Hound.

Aufbau, Organisation und Aufgaben

Gegründet wurde der Basset Hound-Club von Deutschland e. V. im Jahre 1967 in Mannheim.

Der BHC ist Mitglied im »Verband für das Deutsche Hundewesen e. V.«, (VDH), Dortmund. Dieser Verband ist eine Dachorganisation für alle deutschen Rassehunde-Vereine. Der VDH ist wiederum Mitglied der europäischen Dachorganisation FCI, der »Féderation Cynologique Internationale« mit Sitz in Thuin, Belgien.

Diese Organisaton hat im allgemeinen Hundewesen die höchste Funktion; das ist notwendig, um in allen Ländern Rassehunde-Standards und Zuchtbestimmungen gleichzuhalten.

Der FCI gliedert die anerkannten Rassen in Kategorien von I bis IV. Der Basset Hound ist registriert in Kategorie II – Laufhund für Niederwildjagd – 6. Gruppe (Catégorie II – Chien courant pour petit gibier – 6° groupe).

Weil der Basset Hound in Deutschland in den fünfziger und sechziger Jahren erst richtig bekannt wurde, ist der BHC ein noch verhältnismäßig junger Club. Der BHC ist auch dem Jagdgebrauchshunde-Verband (JGHV) angeschlossen.

Was mit Hobby begann, ist für Mitglieder, die nach Clubgründung ein Ehrenamt übernahmen, im Laufe der Zeit zu einer pionierähnlichen Nebenbeschäftigung geworden, denn ohne Organisation und Satzung kann kein Club mit derartigen Aufgaben existieren. Der BHC setzt sich wie folgt zusammen:

☐ 1. Vorsitzender, 2. Vorsitzender, 3. Vorsitzender und Geschäftsführer,
☐ Zuchtbuchstelle und Welpenvermittlung,
☐ Finanzen (Verwaltung der Clubkasse und Konten),
☐ Obmann für das Richter- und Zuchtwesen (Zuchtordnung),
☐ Pressestelle und Redaktion.

Da der Basset Hound-Club sich mit ständig steigenden Mitgliederzahlen über ganz Deutschland ausbreitete, wurden nach Postleitzahlen geordnete Landesgruppen (LG) gegründet, die wiederum denselben Aufbau wie die Clubleitung haben.

Die gesellige Seite des Clublebens kommt nicht zu kurz, zum Beispiel finden einmal im Monat Versammlungen mit Aussprachen statt.

Auch Spaziergänge mit den Basset Hounds werden gemacht. Sie sind natürlich ein besonderes Erlebnis und versetzen manchen Betrachter in Staunen, wenn er dieser hübschen Meute begegnet.

Für die ehrenamtlichen Mitglieder ist mancher Feierabend mit Telefongesprächen belastet, denn Probleme, Fragen und Sorgen treten immer wieder auf, insbesondere mit Rüden. Man sollte aber nicht leichtfertig den Hound von Hand zu Hand geben oder ihn etwa in ein Tierheim abschieben. Im Club sind Fachleute, die Rat wissen oder das Tier an einen anderen Basset-Liebhaber vermitteln, der den Hund gut leitet.

In bestimmten Abständen gibt der Basset Hound-Club eine »clubeigene« Zeitschrift heraus mit vielen Fotos und Nachrichten über das Clubleben, die Ausstellungen und Zuchterfolge.

Jedes Mitglied erhält die vom VDH herausgegebene Zeitschrift »Unser Rassehund«. Das Heft informiert nicht nur über das gesamte Hundewesen, sondern es befaßt sich auch auf mehreren Seiten mit den Fragen der dem VDH angeschlossenen Vereine. Es werden überdies die aktuellen Ausstellungstermine für das In- und Ausland veröffentlicht.

Voraussetzungen zum Züchten

Züchten oder Vermehren

Mit optimalen Bewertungsergebnissen kommt unser Basset Hound von den verschiedenen Ausstellungen nach Hause, da ist der Wille zum Züchten in vielen Fällen kaum noch zu bremsen. Ein Zug der menschlichen Eitelkeit, besonders bei Ersthundbesitzern! Solche Einstellung käme nun allerdings einer Versündigung dem Tier gegenüber gleich: denn Züchten hat nichts mit Vermehrung zu tun. Man sollte auch einmal bedenken, daß mehr und mehr Hunde ausgesetzt werden und solcher Einstellung darf man nicht einmal indirekt Vorschub leisten. Trotz seines verhältnismäßig hohen Anschaffungspreises bleibt auch der Basset davon nicht verschont.

Nur mit umfangreichem Wissen über die Vererbung der Rasse, Gestalt, Wesen und Charakter sowie einer großen Liebe zum Hund könnte man das Wagnis zum Züchten eingehen. Aus Gesprächen und Kontakten mit bekannten Züchtern der Basset Hound-Rasse und hundeerfahrenen Kennern der Zucht konnte ich immer wieder heraushören, daß sie aus einer Zucht-Tradition verschiedener Rassen kamen, die zumeist schon über Generationen ausgeübt und bis heute weitergeführt wird.

Entgegengestellt werden kann zu den vorgenannten Ausführungen: Jeder muß einmal anfangen! Selbstverständlich ist das so! Doch meistens gelingt ein gutes Zuchtergebnis bei Neueinführung einer Rasse, die im Laufe einer Zeit in ihrer Entwicklung wächst, und somit eine junge, neue Züchtergeneration hervorbringt.

Der Basset Hound-Club hat eine etwa 35 Seiten umfassende Broschüre über »Standard und Zuchtbestimmungen« herausgebracht, die man unbedingt lesen muß, um sich ein Bild über die Bedingungen einer Zucht machen zu können. Außerdem ist ein Gespräch mit dem Zuchtwart oder der Zuchtwartin des Clubs oder Landesgruppe wichtig, denn auch die Unterbringung zur Gründung einer Hundefamilie muß Voraussetzungen erfüllen; die gute Stube, der Keller, der Balkon oder die Garage eignen sich nicht zum Wochenbett.

Auch bringt ein Wurf von Basset Hounds trotz guten Preises nicht das »große Geld«, eher sind Unkosten und viele Opfer mit der Zucht verbunden, viel Zeitaufwand außerdem. Züchten wird als »Sport« bezeichnet und damit ist eine sportliche Einstellung zum fairen Wettkampf zwischen den besten Ausstellungs-Hounds gemeint. Verstecken sich unter diesem Begriff profitsüchtige Züchter, hat der Basset Hound-Club Möglichkeiten, derartige Außenseiter auszuschalten.

Zucht

Die Hündin kommt mit sieben bis zehn Monaten das erste Mal in die »Läufigkeit« – auch Hitze oder Brunst genannt –, gewöhnlich zweimal im Jahr, zumeist im Frühjahr und Herbst; Ausnahmen sind eine Läufigkeit im Sommer und Winter. Eine einmalige Läufigkeit im Jahr ist auch möglich, ohne daß es sich dabei um eine Krankheit handelt.

Die Hitzeperiode dauert etwa 20 bis 23 Tage, doch ist die Hündin nicht während der ganzen Zeit paarungsbereit. Deckungsbereit ist sie zwischen dem neunten bis dreizehnten Tag nach Läufigkeitsbeginn. Bei verkürzter oder verlängerter Hitze ergibt sich eine entsprechende Verschiebung. Das erste Anzeichen für den Beginn einer Hitze ist, daß die Hündin dazu übergeht, ihr Wasser »in kleineren Portionen« abzusetzen und nicht mehr alles auf einmal, wie sie es normalerweise tut. Mit dieser Geste will sie die männlichen Bassets darauf vorbereiten, daß es sich lohnt, ihr den Hof zu machen, die dann auch meist der »heißen Spur« folgen.

Mit den äußeren Hitzeanzeichen tritt bei der Hündin auch eine Wesensveränderung ein. Sie ist unruhig, leicht erregt und reizbar, aber auch zuweilen nicht mehr so folgsam, zeigt unterschiedlichen Appetit und benutzt eine sich passende Gelegenheit, um unerlaubt auszugehen. Das Wort »Läufigkeit« hat hiermit seinen praktischen Sinn.

Auch ist die Bindung an die menschliche Gruppe nicht mehr so stark. In der zweiten Hälfte der Hitze wehrt die Hündin den Rüden nicht mehr ab, sondern sucht dessen Annäherung. In dieser Zeitspanne muß man auf die Hündin besonders achten, sie eventuell einsperren, wenn man etwa zwei Monate später »keinen Nachwuchs« will, denn ein Rüde ist ab der Geschlechtsreife zu jeder Zeit zeugungsfähig.

Die Hundehochzeit findet meist am Wohnplatz der Hündin statt. Man sollte sich als Rüden-Besitzer den Anblick der hängenden Hunde, wie eine Phase des Deckaktes genannt wird, nicht anschauen, obgleich das Besteigen einer bereitwilligen Hündin eine völlig natürliche Handlung ist. Wenn man keine Schwangerschaft der Hündin wünscht, so kann die Hündin vom Tierarzt mit Antihormonen behandelt oder durch Operation eine Sterilisierung vorgenommen werden. Die Unterbrechung einer Schwangerschaft durch mehrere Hormonspritzen sollte nach Möglichkeit eine Seltenheit bleiben, besser ist es, auf die Hündin aufzupassen und sie in der gefährlichen Zeit einzusperren.

Die Welpen – der Nachwuchs einer unerwünschten Schwangerschaft – zu töten, ist nach den neuesten Bestimmungen des Tierschutzgesetzes verboten.

Auch ein Rüde kann kastriert werden. Es besteht die Meinung, daß schwierige, bösartige und sexbesessene Rüden danach sanfter und weniger aggressiv werden.

Selbst wenn eine Hündin nie geworfen hat, tritt eine Scheinschwangerschaft auf, auch Scheinträchtigkeit genannt. Nach Beendigung der Läufigkeit und der Dauer der Trächtigkeit von etwa 58 bis 65 Tagen (ohne daß die Hündin gedeckt wurde), treten Symptome einer Schwangerschaft auf, sogar bis zur Milchbildung. Zur Behebung dieses Zustandes, der der Hündin Schmerzen bereitet, sollte man einen Tierarzt aufsuchen.

Geburtsstunde

Die Trächtigkeit einer Hündin dauert durchschnittlich 58 bis 65 Tage. Ist der Wurf gewollt, sind Geburtsvorbereitungen zu treffen und der Tierarzt über den möglichen Termin zu informieren. Anzeichen der Geburt ist das Absinken der normalen Körpertemperatur von 39 °C. 18 bis 24 Stunden vor dem Geburtstermin erreicht diese ihren niedrigsten Stand. Mit Einsetzen der Wehen steigt die Körpertemperatur wieder allmählich an bis sie sich auf 39 °C normalisiert.

Ein weiteres Anzeichen kurz vor der Geburt ist das Einschießen der Milch ins Gesäuge, das sich prall mit Milch füllt. Eine psychische Veränderung im Verhalten der Hündin zeigt sich in Unruhe, sie kratzt mit den Vorderpfoten, um das Nest zu bauen. In den letzten Stunden vor der Geburt verweigert die Hündin gewöhnlich die Nahrungsaufnahme.

Der Geburtsvorgang läuft in zwei Phasen ab, dem Eröffnungs- und dem Austreibungsstadium. Die Hündin setzt etwas Harn und Kot ab. Der Zustand des Gebärenwollens dauert bis zu acht Stunden. Die in regelmäßiger Folge wellenförmig auftretenden Wehen pressen die Welpen durch den Geburtsweg nach außen. Die Geburtsphase ist für die Hündin schmerzhafter als das Eröffnungsstadium. Trotzdem werfen die Hündinnen ohne einen Laut von Schmerzen. Die Welpen werden im geschlossenen Amnion-Sack (der zweiten Fruchthülle) geboren. Durch die kurze Nabelschnur sind sie mit der grünlich gefärbten Nachgeburt – dem Mutterkuchen – verbunden, die gleichzeitig mit der Frucht ausgestoßen wird.

Die Austreibung der ersten Welpen benötigt allgemein etwas mehr Zeit als die der übrigen. Die Zeit danach kann Stunden dauern; sind es mehr als acht Stunden muß der Tierarzt gerufen werden.

Der Zeitabstand zwischen der Geburt der einzelnen Welpen sollte zwei Stunden nicht überschreiten. Der Verlauf einer normalen Geburt geschieht in etwa sechs bis acht Stunden. Bei Hündinnen, die schon mehrmals geworfen haben, geschieht das in erheblich kürzerer Zeit.

Die Hündin befreit die Jungen meist selbst aus den Fruchthüllen und nabelt sie gleichzeitig ab. Das eifrige Belecken des Nachwuchses durch das Muttertier ist mehr eine zärtliche Geste, regt aber gleichzeitig Atmung und Kreislauf der Neugeborenen an und entfernt den Schleim aus dem Fell. Die meisten Hündinnen fressen die Nachgeburt sofort auf. Man sollte die Hündin von dieser Instinkthandlung nicht abhalten. Sie dient zur Sauberhaltung des Lagers und schadet dem Muttertier nicht.

Die Welpen erblicken nach der Geburt »nicht das Licht der Welt«. Sie werden blind, das heißt mit geschlossenen Lidspalten geboren. Diese öffnen sich nach etwa 10 bis 14 Tagen von selbst. Keinesfalls sollte dieser natürliche Vorgang unterbrochen werden, es sei denn, die Öffnung verzögert sich. Lauwarme Kamillen-Umschläge können aufgelegt werden.

Die Natur regelt den Ablauf der Geburt in vorzüglicher Weise, doch Ausnahmen bestätigen auch hier jede Regel. Der Tierarzt spricht von unerwünschten Querlagen, also Vorderendlage oder Hinterendlage.

Die Zeit nach der Geburt (Puerperium – Wochenbett)

Unmittelbar nach Beendigung der Geburt, wenn die Hündin die Welpen abgeleckt hat, werden die Neugeborenen an das Gesäuge gelegt. Scheide und Gesäuge sind vorher mit einem gewebefreundlichen Desinfektionsmittel zu säubern. Die erste Muttermilch, Biest- oder Kolostral-Milch genannt, ist wegen ihres hohen Nährstoffgehaltes und den in ihr enthaltenen Abwehrstoffen für die Welpen besonders wertvoll. Die abführende Wirkung veranlaßt das Lösen des ersten Welpenkotes, den man als Darmpech (Mekonium) bezeichnet.

Um ausreichende Ernährung der Welpen mit Muttermilch zu gewährleisten, sind nur sechs Junge bei der Mutterhündin zu belassen, für die übrigen sollte eine Amme beschafft werden.

In den nun folgenden zwei bis drei Wochen reinigt sich die Gebärmutter von den im Geburtsweg befindlichen Nachgeburtsresten, Schleim und Blutgerinseln. Der Ausfluß (Lochialfluß) weist anfangs eine grünliche Farbe auf, die durch chemische Umwandlung des Blutfarbstoffes im Mutterkuchen zustande kommt. Später nimmt er eine rötlich trübe Farbe an. In der dritten Woche fließt nur noch etwas glasklarer Schleim ab. Solange Scheidenausfluß besteht, muß das Lager der Hündin täglich gesäubert werden. Nach der Geburt wird die Hündin zur Verrichtung ihrer Notdurft mehrmals täglich ins Freie geführt. Diese Bewegung dient da-

Die Basset Artésien Normand Hündin »Bessie«, mit ihren Welpen.

zu, die Körperfunktionen, insbesondere die Darmtätigkeit, anzuregen. Die Kost der Hündin muß ihrem Zustand und Aufgabe als säugende Mutter angepaßt werden; hierzu empfiehlt sich die Beratung vom Tierarzt oder das Lesen einschlägiger Literatur.

Um das Wundwerden des Gesäuges der Mutterhündin zu verhindern, müssen nach etwa zehn Tagen mit einer Nagelfeile die spitzen Krallen der Welpen gekürzt werden. Verletzungen der Milchleiste werden nicht durch die Zähne verursacht, denn über diese legt sich die Zunge beim Saugen, außerdem brechen die Milchzähne erst nach etwa drei bis sechs Wochen durch. Hierfür ist vielmehr der sogenannte Milchtritt verantwortlich zu machen, indem die Welpen ihre Läufe gegen das Gesäuge stemmen und dabei die Hündin am und um das zarte Gesäuge herum kratzen. Die Geste des Milchtritts bleibt bei vielen Hunden über das Welpenalter hinaus in Form des »Pfötchengebens« erhalten, das sie auf den Menschen übertragen.

Die Mutterhündin ist in der ersten Zeit ständig beschäftigt, sie leckt sie, um die Bäuche der kleinen Welpen zu massieren, verstopfte Nasen frei zu machen oder um die ersten Darm- und Blasenausscheidungen wegzuschaffen. Die Mutterinstinkte der Hündinnen sind sehr unterschiedlich entwickelt. Gerade bei unerfahrenen Hündinnen vergeht eine gewisse Zeit, bis sie sich in der richtigen Weise um die Jungen kümmern. Manche Hündinnen sind in dieser Beziehung Versager, das ist vielleicht auf ihre »Vermenschlichung« zurückzuführen. In solchen Fällen muß der Züchter der Hündin zusprechen, sie auf ihr Lager bringen und ihr die Welpen an das Gesäuge legen. Die menschliche Bezugsperson ist mancher Hündin wichtiger als ihre eigenen Kinder, das wiederum ist leider ein Erziehungsfehler, also menschliches Versagen.

Wenn die Welpen älter werden, kommt immer mehr Bewegung in das Rudel, langsam beginnt der Kampf um die Eroberung der Zitzen, und die Dauerschläfer werden wache Hunde, denn »Hunger tut weh«.

Mit dem weiteren Heranwachsen der Welpen hält die Hündin das Lager nicht mehr sauber, und es beginnt ein neuer Lebensabschnitt der Welpen, sie dürfen mit dem Muttertier das Lager verlassen, wobei sie anfänglich nur kurz davon Gebrauch machen. Die Bewegung fördert ihre Kondition. Die neue Ausgehsituation, Erkundung der näheren Umgebung, ist notwendig für die seelische Entwicklung des kleinen Hundes.

Mutterglück der Basset Hündin »Amber«.

Entwicklungsphasen des Welpen bis zum Junghund

Zeitpunkt	Entwicklung
ab Geburt	☐ Riechvermögen vorhanden, wichtig für das Finden der Milchdrüse und des Muttertieres. ☐ Tastgefühl vorhanden, wichtig für das Saugen und das Zusammenkriechen auf dem Lager.
1. bis 5. Tag	Entwicklung der Wahrnehmung von Geschmackseigenschaften
ab 7. Tag	Wahrnehmung von Kälte und Wärme
ab 15. Tag	Entwicklung des Hörvermögens, Reaktion auf Geräusche.
ab 21. Tag	Volles Sehvermögen und Hörvermögen.

In seinen beiden ersten Lebenswochen kann der Welpe noch nicht viel, aber seine angeborenen Verhaltensweisen reichen aus, um ihn überleben zu lassen. Verhaltensforscher Trumler glaubt, daß der Welpe selbst in dieser »frühen Phase« ein Lernvermögen besitzt.

Die dritte Woche wird als »Übergangsphase« bezeichnet. Obwohl sich nun die Augen und äußeren Gehörgänge geöffnet haben, kann der Welpe noch nichts mit seinen Fähigkeiten anfangen, er muß erst sehen und hören lernen; zu gleicher Zeit entwickelt sich der Nasensinn. Der Kleine beginnt, alle Gegenstände mit der Nase zu untersuchen. Dämmerte er bisher so dahin, beginnt er Kontakte aufzunehmen, erkennt die Mutter, begrüßt sie freudig wedelnd, und die Geschwister belecken sich gegenseitig.

Sie sind auch in der Lage, die Köpfe zu heben, um das Maul der Mutter zu erreichen. Nun kann die Mutter mit einer Zufütterung beginnen, indem sie einen Brei von halbverdauter Nahrung herauswürgt, und die Welpen lernen sehr schnell, daß es mehr köstliche Nahrung als nur die Muttermilch zu saugen gibt.

Die vierte bis siebente Lebenswoche wird als »Prägungsphase« bezeich-

Basset Artésien Normand.

net. Das Gebiß der freßgierigen Kleinen entwickelt sich sehr schnell. Sie bewegen sich noch ein wenig tollpatschig, spielen sehr viel und können ihre Gefühle schon deutlich ausdrücken. Durch Futterneid zeigen sie bereits ein aggressives Verhalten, sträuben das Fell, legen die Ohren an und entblößen die Zähne, knurren und bellen. Sie sind äußerst lernbegierig und erkunden ihre Umwelt. Gerade in der Prägungsphase ist es wichtig, daß das Hundejunge Kontakt mit dem Menschen bekommt, ihn beschnuppern und belecken kann, also Handkontakt bekommt. Somit beginnt für den Welpen das Anerkennen des Menschen als seinen Artgenossen.

Auch die achte bis zwölfte Woche ist bedeutend für die Entwicklung des Hundekindes. Diesen Zeitabschnitt nennt man die »Sozialisierungsphase«. Die Hunde lernen untereinander den Kampf um die Beute. Hier kommt es entscheidend darauf an, welche Aufgabe der Hund später erfüllen soll. Bleibt der Hund allein in enger Hausgemeinschaft mit dem Menschen, wird er nie um sein Futter kämpfen müssen. Lebt er dagegen im Rudel, muß er beizeiten lernen, sich mit seinen Artgenossen zu arrangieren.

Viele Züchter trennen in dieser Phase die Welpen voneinander, damit jeder seinen Napf in Ruhe leeren kann. Da das Hundejunge meistens in Privathände als Einzelhund abgegeben wird, ist das sicher einfacher für den Besitzer, den Hund später zu füttern.

Ab der 13. bis 16. Woche beginnt eine »Rangordnungsphase«. Lebt der Welpe noch im Zwinger mit seinen Geschwistern, so hat es sich bald herausgestellt, wer ranghöher oder rangniedriger ist. Der Ranghöhere ist nicht unbedingt der Stärkste, sondern der Intelligentere, der am schnellsten an das Futter herankommt. In dieser Phase ist es wichtig, daß dem Heranwachsenden eine Autorität vorsteht, sei es der Vaterrüde oder eine menschliche Bezugsperson. In diesem Alter lebt der Welpe meist schon getrennt von seinen Geschwistern. Er lernt schnell, sich seiner neuen Umgebung anzupassen, seine Erziehung hat bereits begonnen und muß, soll das Hundewesen einmal kein neurotischer Tyrann werden, autoritär sein, das heißt nicht Gewalt anwenden, sondern konsequent sein (siehe Kapitel Erziehung, Seite 51).

Im fünften und sechsten Monat wird die Einordnung ins Rudel festgelegt, das ist dann die »Rudelordnungsphase«. Im siebenten Monat be-

Psst!
wir bekommen
vierbeinigen
Damenbesuch.

ginnt die »Pubertätsphase«, ähnlich wie bei den Menschen, kommt auch der Hund in die Flegeljahre. Die Tiere werden geschlechtsreif, der Rüde hebt das Bein und die Hündin wird »hitzig«. Hund und Hündin sind aber noch immer kindliche Tiere sowohl äußerlich als auch im Wesen. Erst nach dem zweiten Lebensjahr hat sich unser vierbeiniger Freund zur »Persönlichkeit« entwickelt, die er auf Grund seiner Erbanlagen und der Umwelteinflüsse sein kann. Eine Persönlichkeitsphase gibt es aber nicht.

Was hat der Aberglaube mit der Zucht zu tun?

In überlieferten Legenden hat der Aberglaube wohl bisher die größte Rolle gespielt. Auch in der Hundezucht erhält sich hartnäckig mancher Aberglaube. Für den Laien unverständlich und vermenschlicht gedacht, wird »Inzucht« mit Degeneration verwechselt, das spricht für ein Unwissen. Gerade die Inzucht läßt verborgene Fehler stark und schnell in Erscheinung treten, die man sonst nur vereinzelt sehen und deshalb als weniger bedeutungsvoll einschätzen würde. Die Inzucht festigt auch erwünschte Merkmale einer Rasse.
Viele abergläubige Weisheiten gibt es, um die Geschlechter eines Wurfes zu beeinflussen, die meisten zugunsten des Rüden, der sich leichter verkaufen läßt.
Eine junge Hündin muß von einem alten graubärtigen Rüden gedeckt werden und der erwünschte männliche Nachwuchs stellt sich ein ... die

49

Verfütterung von bestimmten Organen unterschiedlicher Haustiere an die Hündin, lassen männliche Welpen gedeihen ... auch solle eine Hündin am Ende der Hitzeperiode (hoffentlich dann nicht zu spät) gedeckt werden und die munteren Rüden werden geboren.

Ein Unwissen und Aberglaube hält sich auch immer noch hartnäckig, nämlich der, daß eine Hündin mindestens einmal im Leben einen Wurf haben müsse; aus diesem Grunde schreckt mancher Hundefreund vom Erwerb einer Hündin zurück, weil er keinen Wurf aufziehen möchte. Weder Gebärmuttererkrankungen noch Milchdrüsentumore bekommen Hündinnen, die niemals geworfen haben, das hat die tiermedizinische Statistik längst bewiesen.

Eine »Scheinträchtigkeit« hat ebenfalls nichts mit einem Aberglauben zu tun, sondern ist ein naturbedingter Ablauf im Leben der Hündin. Dabei spielt es keine Rolle, ob die Hündin eine Mutterschaft im Leben hatte oder nicht, auch ist diese Erscheinung nicht altersbedingt. Nach Beendigung der Läufigkeit und über die Periode der Trächtigkeit von 58 bis 65 Tagen (hier ungedeckt) treten Symptome auf, die auf den Einfluß eines von den Eierstöcken gebildeten Wirkstoffes (Gelbkörperhormon) zurückzuführen sind. Infolge der reichlichen Milchabsonderung bei verschiedenen Hündinnen sind sie auch als Amme einzusetzen. Der Muttertrieb kommt stark zum Durchbruch, und sie schleppen allerhand Spielzeug auf ihr Lager als Welpenersatz. Der Milchfluß bleibt bei einer Amme während der ganzen Säugezeit bestehen; ansonsten dauert die Scheinträchtigkeit etwa 14 Tage bis zu vier Wochen. Allerdings können auch für die Hündin schmerzhafte Komplikationen durch Stauungen in den Milchdrüsen auftreten, auf jeden Fall sollte man einen erfahrenen Züchter oder Tierarzt zu Rate ziehen.

Ein ebenfalls nicht mehr wegzudenkender Begriff ist die Bezeichnung »Blutlinien«, mehr als eine poetische Ausdrucksweise ist es aber nicht. Das Blut ist nicht Träger der Erbanlagen, das man je nach Bedarf wie Flüssigkeiten mischen kann, sondern die Vererbung erfolgt nach den Gesetzen der Spaltung, wobei keine Blutanteile der jeweiligen Ahnen im voraus berechnet werden können.

Wir sollten lieber auf die abergläubigen Vorstellungen verzichten und wirklichkeitsnaher denken, denn unserem vierbeinigen Freund hilft diese Erkenntnis bestimmt mehr.

Aufzucht
und Erziehung des Basset Hound

Blick in die Seele des Basset Hound

Eine der schönsten Geschichten ist die, die das Leben eines Hundes an das eines Menschen bindet, gewissermaßen an seinen »Bruder«. Hier gibt es keine Täuschungen, keine Lügen, der Hund gibt sich ganz, ohne Beschränkungen an denjenigen, der durch Zufall sein Herr oder Frauchen wurde oder ihn aus Zuneigung zu sich nahm.

Ob nun »sein Herrchen oder Frauchen« schön oder häßlich, gut oder böse, arm oder reich ist, das spielt für unseren vierbeinigen Begleiter keine Rolle. Die niemals nachlassende Freundschaft erhält man ohne größere Anstrengungen, das Tier tut alles. Doch erfordert das körperliche Vorhandensein des Hundes in unserem Heim neue Erkenntnisse, die man wissen und beachten muß.

Der Eintritt eines Hundes in unser Leben verändert einiges, ob wir wollen oder nicht, wir nehmen ein Wesen auf, daß ganz und gar von uns abhängig ist und dieses über eine Zeit von 12 bis 15 Jahren. Wir müssen unseren vierbeinigen Lebenskameraden erziehen, pflegen, füttern und bei Wind und Wetter ausführen. Wir müssen in Kauf nehmen, daß er im jugendlichen Alter alles Mögliche anknabbert und zerreißt, sowie Sessel und Bett als sein eigen ansieht. Und womit wir uns unbedingt abfinden müssen, daß man künftig im Haus und Auto auch Hundehaare ertragen muß.

Da der Hund mit allen Kräften versucht, die Ausdrucksformen des Menschen zu verstehen, vergessen wir immer wieder, daß er in seiner eigenen und nicht in der Menschenwelt lebt. In der Hundewelt herrschen Gesetze, die uns unverständlich sind. Ihre Verhaltensweisen sind ihnen angeboren und von angeborenen Trieben beherrscht, das ist seit Jahrtausenden unwandelbar. Es ist grundfalsch, dem Hund menschliche Gefühle und Handlungen zu unterschieben. Wer den Hund vermenschlicht, wird leicht zum Tierquäler, auch wenn es aus Liebe geschieht. Die

Kenntnis von der Hundepsyche ist für jeden wichtig, der mit seinem Hund lebt, ihn erzieht und ausbildet. Man kann nur Anlagen, Fähigkeiten entwickeln, die im Hund vorhanden sind.

Die »Gebärdensprache« des Hundes zu erkennen, erleichtert die Erziehung

Vielfach wird angenommen, der Hund ist ein Duckmäuser oder Kriecher, wenn er den Kopf beugt oder sich vor dem Menschen niederlegt. Es ist die Geste seiner Ahnen. Die Haltung des Kopfes, das Anschoppen der Behänge (Ohren), die ausdrucksvollen Blicke, das Hochziehen der Lefzen und Freilegen der Zähne, das Fellsträuben, verteilt auf einige Körperstellen, die Haltung der Rute (Schwanzes), die starre Körperhaltung wie auch das flache Hinlegen, alles hat den Sinn und Ausdruck einer Gemütsbewegung, die selbst der Welpe beherrscht. Besonders können wir dieses auf dem Spaziergang beobachten, wenn unser Basset Hound auf Artgenossen stößt, wobei er immer der freundlichere ist.

»Elise«, die belesene Basset Hound-Hündin.

Bei dem »Imponiergehabe« erstarrt der Körper und versteift sich zur Statue, steil wie ein Spazierstock wird die Rute erhoben, an der Schwanzwurzel stellen sich die Haare auf wie eine Bürste und setzen sich fort bis über den Nacken. Unser Hound wird größer und breiter. Und so stelzen die beiden Partner aufeinander zu, mit emporgezogenen Lefzen, Speichelausfluß und die Zähne blitzen. Das wirkt alles auf uns, als würde der wildeste Kampf beginnen. Beide Hunde umkreisen sich schneller und schneller, einem von beiden wird der Analbereich geboten, sie beschnüffeln sich, und man kann nur hoffen, daß sie sich »riechen« mögen. Mit kurzem Anrempeln durchbricht einer von beiden den Kreis und springt zurück, senkt den Schwanz fast waagerecht und duckt sich nieder, fletscht die Zähne, als wolle er dem Gegner an die Kehle. Das sieht wieder schrecklich gefährlich aus; doch einer von beiden gibt auf, das mächtige Gebiß klappt ins Leere. Es kommt der menschlichen Gebärde gleich, nämlich dem Händehochheben. Mit Hecheln und Knurren und bellartigen Tönen hat einer von beiden ein gewisses Selbstbewußtsein abgegeben und damit den Kampf um die Vorrangstellung. Doch kommt es zum Austragen eines Kampfes, versucht der stärkere Hund durch Pakken im Nacken den schwächeren zu schütteln, was man auch als »beuteln« bezeichnet und in der Erziehung notfalls angewandt werden könnte, wenn der Hound (besonders der Rüde) den menschlichen Rudelführer ausschalten will. Die Kämpfe werden meistens in Sekundenschnelle beendet, der unterlegene Gegner bietet dem Stärkeren die Kehle und nach Hundeehre heißt das, ich gebe auf!

Nach Möglichkeit sollte man als Hundebesitzer in einen Kampf nicht eingreifen, da die Hunde sich dann unter Umständen einig werden und auf das dritte Objekt, den neuen Feind, gemeinsam losstürmen. Das kann zu schweren Verletzungen führen. Handelt es sich um gleich große Hunde, endet der Kampf fast immer nur mit kleinen Wundverletzungen, allerdings ein Kampf zwischen einem kleinen und großen Hund hat unter Umständen einen traurigen Ausgang für den kleinen. Geschieht ein Kampf auf freiem Gelände, sollte man diese Rangordnungskämpfe weniger beachten, den Hund mit energischem Namensruf oder Pfiff auffordern, zurückzukommen; da er seinen menschlichen Leithund nicht verlieren will und Gehorsam übt, gibt er auf und trollt sich zu uns zurück mit unwirscher Lautgebung. Allerdings machten unsere Basset Hounds auf halbem Wege gern noch einmal kehrt, um es dem anderen doch noch mal zu geben. Nochmals ein energischer Ruf oder Pfiff bringt alles wieder in Ordnung. Mit zunehmendem Alter des eigenen Hundes erkennt man, welche Arten oder Rassen vom eigenen Geschlecht Mißbilligung oder Freude bei der Begegnung auslösen.

Die Stimme des Basset Hound

Rüde wie Hündin sind keine »Beller«, aber wenn die Stimme dieser Rasse erschallt, hört es sich an, als ob ein riesiger Hund hinter der Tür steht und mancher Besucher bekommt zitternde Knie.

Die Hundesprache hat viele Ausdrucksmöglichkeiten, das normale Bellen und Knurren, schniefen, fiepsen, jaulen sowie die besondere Lautgebung der Jagdsprache.

Der Basset Hound ist kein engagierter Wächter, doch jede fremde Person, ob Briefträger oder Bekannter, wird lautstark angemeldet. Kommt man selbst nach Abwesenheit wieder nach Haus, beginnt ein tösendes Freudengebell. Allerdings kann es Probleme mit Nachbarschaft oder Hausbewohnern geben, wenn der Basset sein Jagdgeheul, er ist ja ursprünglich ein Jagdhund gewesen, von sich gibt.

Shakespeare, der berühmte englische Dichter, verherrlichte in einem Gedicht, daß aus der Kehle des Bassets ein Ton wie Hörnerklang und Glockenspiel erklingt. Wir haben diese Lautäußerung unserer drei Basset-Rüden auch so empfunden, nicht aber unsere Nachbarschaft. Die Gründe für dieses melodische Begehren waren vielseitig, auch wenn der Basset Hound eine Spur aufnimmt, jagt er dieser mit hohen jauchzenden Tönen nach.

Das bellende Hunde nicht beißen, ist ein Sprichwort. Eher würde stimmen, daß knurrende Hunde nicht gleich zubeißen. Diese Lautäußerung ist eine Vorwarnung, die man allerdings ernst nehmen sollte. Lockten wir unsere Basset-Rüden aus für sie uninteressanten Gründen aus dem Körbchen heraus, wurden wir mit unbehaglichem Grunzen gewarnt. Auch mag es ein Basset Hound nicht, wenn man ihn an den feinen, empfindlichen langen Ohren zieht und der sonst gemütliche Hound gibt ein böses Knurren von sich, denn er empfindet Schmerzen.

Das Sehen ist für die Orientierung des Hundes in der Umwelt von weniger wichtiger Bedeutung als das Riechen und Hören, zumal die Netzhaut des Hundes weitaus weniger Sinneszellen (Meßfühler) für die Wahrnehmung optischer Reize hat als die des Menschen.

Der Hund erforscht seine Umwelt durch die Nase, indem er alles beschnüffelt. Von Baum zu Baum, Laternen, Hauswände, Straßenecken und andere für den Geruch interessante Stellen, wie auch in freier Natur, nimmt er mit der feinen Nase alles auf, um seine Neugierde zu befriedigen. Dieses Verhalten erklärt sich daraus, daß die Hunde ein für den Menschen unvorstellbar feines Empfindungsvermögen für Duftstoffe haben. Die Fähigkeit zur Wahrnehmung kleinster Duftstoffmengen steht mit der großen Zahl von Riechzellen in der Nasenschleimhaut im Zusammenhang.

Von den Analbeuteln und den Hautdrüsen im Genitalbereich gebildete Duftstoffe spielen beim Kennenlernen und Bekanntsein der Hunde eine wichtige Rolle. Auf die Information seiner Riechschleimhaut verläßt er sich blindlings, besonders bezüglich der Orientierung.

Was für den Hund duftet, wirkt auf den Menschen wie »Gestank«. Aus dieser Vorliebe für anders wahrnehmende Gerüche passiert es auch, daß der sich unbeobachtet fühlende Hund gern in übelriechenden Abfällen wälzt. Auch das ist nicht »abartig«, nur mitunter ein Problem, wenn man von einer Badegelegenheit weit entfernt ist.

Wie oft kann man beobachten, daß ein Hundebesitzer nicht die geringste Geduld aufbringt, dem leinengeführten Hund auch ein wenig Schnüffelfreude zu gönnen. Mit böser Stimme und wütendem Gezerre wird der Hund von der für ihn die Welt bedeutende Stelle weggerissen. Mit Geduld und zur Freude des Hundes sollte man einen Kompromiß finden, und einen Spaziergang aufbauen auf reiner Schnüffelfreude oder einen anderen zum forschen Marschieren.

Sehr schnell lernt der Hund, die Art der Spaziergänge zu unterscheiden. Allerdings: die Hoffnung auf einen Gang mit viel Schnüffelei gibt ein Basset »trotzdem« nicht auf. Schafft man sich einen Basset Hound an, so muß man sowieso mit dieser Eigenschaft des »zu vielen Schnupperns« leben, denn es kann aus dem Sapzierengehen leicht ein Spazierenstehen werden, und daran ist eben die feine Nase dieser Rasse schuld. Hat er eine hochinteressante Stelle aufgetan, so schnuppert er unentwegt, gräbt mit dem Vorderlauf eine kleine Kuhle, um die Vergangenheit an dieser Stelle auch noch aufzuspüren. Erwischt er auf dem gemütlichen Schnüffelgang allerdings eine Spur, enteilt er in Windeseile, und nur ein Pfiff holt ihn zurück, wenn er nicht gerade meint, daß seine Tätigkeit im Moment wichtiger ist, daß sein Jagdtrieb durchbricht.

Und viel kann passieren, wenn er eine Straße überquert, es könnte sein Leben kosten oder einen Unfall zur Folge haben. Deshalb darf man einen Basset Hound, der nun einmal Jagdpassionen in sich trägt, nicht aus den Augen lassen. Während des Spazierengehens sollte man immer wieder seinen Namen rufen und ihn kurze Zeit auch »bei Fuß« gehen lassen; auch Anleinen ein Stück des Weges muß ihm vertraut werden.

Ist der Basset Hound noch jung, jagt er gern aufflatternden Vögeln oder auf Bäume flüchtenden Katzen nach. Ein energisches Anrufen ist dann nötig. Am besten das Kommando, das man in der Erziehung verwendet, vielleicht: Komm sofort zurück (Name)! Auch das Hinterherlaufen oder Nebenherlaufen bei Fahrrädern bringt Ärger oder gar Unfälle, die Folgen haben können. Durch Wiederholen der Anrufe lernt er es mit der Zeit, daß diese Spiele Unarten sind. Doch muß er immer wieder gelobt werden, man kann nicht genug loben oder ihn mit einem Hundekuchen verwöhnen, um bald den Erziehungserfolg zu haben. Der Basset hat zwar einen »dicken Kopf« und (will) langsam lernen, doch er ist trotzdem verständig.

Die ersten Tage im neuen Heim

Nicht nur für den zukünftigen zweibeinigen Basset Hound-Besitzer ist der Tag des Neuankömmlings aufregend, auch für den kleinen Hund selbst, denn er muß von nun an mit einer anderen Art von Lebewesen zusammen sein.

Natürlich haben wir alles vorbereitet: sein zukünftiges Lager, das sein persönlichstes Haus bedeutet, wohin er sich aus Angst oder mit Mißtrauen zurückziehen kann. Auch muß dieser Platz für immer »straffrei« bleiben, denn er ist für den Hund eine Art Höhle. Man sollte das Körbchen, ausgestattet mit einer Decke oder Schaffell (niemals Kissen aus

Kunststoff-Füllungen), an einen zugfreien Platz stellen, den man zudem überblicken kann.

Viele Hundebesitzer raten von einem Körbchen ab und schlagen eine Kiste vor, da der junge Hund das Körbchen zernagt. Unsere jungen Basset Hounds taten dieses nicht: erst als erwachsene Hunde knabberten sie die Ränder an. Für eigene Trink- und Freßnäpfe sollte man sorgen und nicht das Küchengeschirr benutzen, schon der kleine Hund muß wissen, was ihm gehört. Als Spielzeug sollte man lediglich einen Büffelhautknochen (oder Figur aus demselben Material) beschaffen. Er hat lange damit zu tun und kann sich nicht verletzen, da es sich um ein natürliches Produkt handelt.

Der Züchter gibt Ihnen sicherlich außer der Ahnentafel und dem Impfpaß eine Anleitung mit, die Futterart und -zeiten beschreibt sowie weitere kleine Ratschläge für die ersten Tage enthält. Auszüge aus einer solchen möchte ich vorstellen: »Mein Züchter hat mich . . . getauft. Wenn euch dieser Name nicht gefällt, so nennt mich anders. Das Allerwichtigste für einen Welpen ist zunächst, viel, viel schlafen und öfters essen und mir mit Ruhe entgegenkommen, denn ich erschrecke schnell. Sehr vermissen werde ich natürlich meine Geschwister und meine Mutter, aber es wird nicht lange dauern, dann finde ich meine neuen Eltern genauso nett. Während meines Wachseins spielt bitte mit mir, aber seid niemals grob, und nehmt auf meinen weichen Babykörper und meine kurzen noch schwachen Beinchen Rücksicht; auch meine langen Ohren sind kein Spielzeug in Menschenhand.

Ich weiß schon recht bald, wer mein neues Herrchen und Frauchen ist. Gern habe ich einen Kauknochen aus Büffelhaut, nur nichts Hartes wie Plastik, Eisen oder Holz. Auch mit einem Korken darf ich nicht spielen, da ich ihn zerkaue und hinunterschlucke, was für mich sehr gefährlich werden kann. Auch darf ich keine Gardinen, Polstermöbel und Teppiche sowie Stuhl- und Tischbeine anknabbern. Telefonkabel und elektrische Leitungen sind tabu für mich. Man sollte mich in der ersten Zeit nicht lange aus den Augen lassen, da ich noch nicht weiß, was ich tun und lassen darf. Habe ich etwas sehr Schlimmes angestellt, sollte mein Frauchen oder Herrchen mir mit einer aufgerollten Zeitung einen leichten Klaps geben, niemals mit der Hand, denn die tat bisher nur Gutes für mich; bald weiß ich, was die Zeitung für mich bedeutet, wenn ich sie in

Verband für das Deutsche Hundewesen e. V.
Deutsches Sammelzuchtbuch — D Sa ZB —

46 Dortmund, Schwanenstr. 30 · Ruf 523260 · Mitglied der Fédération Cynologique Internationale (F.C.I.)

Ahnentafel

Gültig in der Bundesrepublik Deutschland. Im Ausland gültig in Verbindung mit der durch den Verband für das Deutsche Hundewesen e. V. in drei Sprachen ausgefertigten „Auslandsanerkennung". Übernahme

Rasse: Basset - Hound

Name des Hundes: "Sykemoor Pascal"

Geschlecht: Rüde   Wurftag: 23. Februar 1970

Züchter: Mr. G. J. Johnston

Farbe und Abzeichen: tricolour

D Sa ZB-Nr. 710 332   Täto-Nr.

Vater
1 Dalewell Rambler, 88788/66 915 BC

Großeltern
3 Stalwart Rebel, 5291/64

4 Fochno Tranquil, 31233/62

Urgroßeltern
7 Fredwell Varon Vandal (Ch), 1557 AU

8 Stalwart Gracious, 26918/61

9 Fochno Trumpeter, 98264/60

10 Fochno Lilac, 906 AU

Mutter
2 Sykemoor Lisieux, 33648/67

Großeltern
5 Sykemoor Gilpin, 1836 AX

6 Sykemoor Java, 41451/65

Urgroßeltern
11 Sykemoor Hercule De L'Ombree, 7112/59

12 Sykemoor Wiza (Ch), 1123 AT

13 Sykemoor Gilpin, 1836 AX

14 Sykemoor Jealousy, 180 AR

Nach Prüfung der Eintragungsangaben und der vorhandenen Unterlagen in das Sammelzuchtbuch des Verbandes für das Deutsche Hundewesen e. V. eingetragen. Diese Ahnentafel bleibt Eigentum des V.D.H.

Dortmund, den 10. Februar 19 71

Unterschrift des Züchters   Zuchtbuchführer
Diese Unterschrift des Züchters bestätigt die Richtigkeit der Angaben.

58

eurer Hand sehe. Wenn ich artig bin, dann lobt mich bitte und nennt sooft es geht meinen Namen.

Wenn ich gegessen habe oder aufwache, bringt mich sofort ins Freie, möglichst immer auf das gleiche Stück, auf dem ich meine kleinen und großen Geschäftchen machen kann, denn mit meiner feinen Nase rieche ich immer wieder diese Stelle.

Ich habe als kleiner Hund einen kurzen Darm und eine kleine Blase und kann die Nahrung nicht lange anhalten, was vorn hereinkommt, muß manches Mal etwas plötzlich wieder hinten hinaus. Wenn ich mich drehe und suche, so ist Eile geboten, sonst ist das Unglück in der Wohnung geschehen. Bei »Pfui« weiß ich recht bald, was damit gemeint ist: ich habe mich schlecht benommen.

Ich will ein gut erzogener Hund werden, zur Freude für euch, eure Freunde und die Umgebung. Ein Menschendichter sagte: Jeder hat den Hund, den er verdient!«

Frau Droemont schlägt folgende Futteranleitung für den jungen Basset Hound ab achter bis zwölfter Woche vor:

Morgens: Fleisch (Herz, Pansen, Leber, Euter) gekocht oder überbrüht, vermischt mit Matzinger-Flocken. Dazu ab und zu ein rohes Ei unter das Futter mischen. Als Grundfutter auch gekochter Reis. Geriebene Karotten, täglich Super-Vitamineral-H, für den Knochenbau des Jundhundes.

Mittags: Dasselbe oder Latz-Fertigfutter mit Quark vermischt.

Abends: Wie morgens. Die letzte Fütterung zwischen 17 und 18 Uhr, jedoch vor der endgültigen Abendruhe ein Hundekuchen.

Ab achtem Lebensmonat nur noch zweimal füttern, das Futter soll abwechslungsreich, nicht zu kalt und nicht zu heiß sein. Milch braucht der Junghund nicht mehr; keine Süßigkeiten und nie (!) spitze Knochen (Hühnerknochen splittern und sind tödlich), höchstens Kalbsknochen, die jedoch sofort absetzen, wenn der Stuhlgang davon »hart« wird.

Mit diesen guten Ratschlägen wird sich der Basset Hound bestimmt bald zu einem kräftigen schönen Hound entwickeln. Übrigens gilt diese Futteranleitung sowohl für Rüden als auch für Hündinnen.

Einige Anmerkungen zur »Stubenreinheit«

Die Freude am Zusammenleben mit dem kleinen Hund kann schnell getrübt werden, wenn man es versäumt, die erste und konsequente Erziehungsmaßnahme zum »Sauberwerden« durchzuführen. Nach dem Fressen und Aufwachen aus tiefem Schlaf ist ein Bach oder mehr fällig. Man sollte den Hund deshalb sofort ins Freie und stets an eine bestimmte Stelle tragen. Nun schaffen sich aber auch Etagenbewohner einen Basset Hound an, bei denen das Ausführen des Hounds doch komplizierter wird. Der kleine Hund gibt aber auch in diesen Fällen seinem Drang nach, und dafür könnte man in der ersten Zeit auf dem Balkon mit ausgelegten Zeitungen eine Katzentoilette einrichten. Und wo kein Balkon vorhanden ist, richtet man die Toilette im Badezimmer ein.
Ist nun doch ein Malheur geschehen, so muß man diese Stelle mit verdünntem Essigwasser säubern, damit der Ausscheidungsgeruch beseitigt wird, der kleine Hund würde sich sonst dieselbe Stelle wieder aussuchen. Große Geschäfte passieren bei normalem Stuhlgang nicht plötzlich, er zeigt vielmehr durch Unruhe und Herumdrehen seinen Drang an. Eine Hündin wird zumeist schneller sauber als der Rüde. Wichtig ist das Loben unseres kleinen Freundes für das gute Verhalten. Für ein Häppchen oder auch für Streicheln ist er stets empfänglich.
Man sollte ihn immer mit seinem korrekten Namen anrufen und für bestimmte Begriffe auch dasselbe Wort verwenden, zum Beispiel, wenn Sie mögen: Pfützchen!

Leinenführigkeit

Zu Hause sollte der kleine Hund hin und wieder ein Halsband tragen, damit er sich allmählich an diese Freiheitseinschränkung gewöhnt, ehe wir die Leine benutzen. Am besten übt man im Garten oder auf einem freien Gelände. Die Leine wird an das Halsband geknüpft, und wir lassen ihn damit herumlaufen. Nach einiger Zeit nehmen wir das Ende der Leine und lassen uns von dem kleinen Hund führen, dann vertauschen wir die Rollen, und führen ihn nun dorthin, wo wir es wünschen. Er wird sich mit einer Trotzreaktion hinsetzen, aber das sollte uns nicht beeindrukken, wir müssen uns weiterhin durchsetzen. Bald sieht er ein, daß das Ausgehen an der Leine auch mit Spaß verbunden ist, es außerdem noch Lob und Häppchen dazu gibt.

Die ersten Spaziergänge sollten nicht länger als 15 oder 30 Minuten dauern, da der kleine und sehr lange Körper auf kurzen Beinen den jungen Basset Hound zu sehr belasten würde. Wir spielen mit einem Ball oder Büffelhautknochen mit ihm und verschaffen dadurch für ihn ausreichende Bewegung. Denn nach wie vor braucht er als Kleinhund noch viel Schlaf. Der Hound zeigt es uns selbst an, wann er zu größeren Leistungen fähig ist.

Basset Hound und Treppensteigen

Die niederläufigen Hunde, insbesondere der schwerere Basset Hound müssen bis zum sechsten Lebensmonat (frühestens) vom »Treppenstei-

So trägt man einen Basset Hound-Welpen.

61

gen« verschont werden. Um unsere Junghunde davor zu bewahren, haben wir Babygitter montiert, denn mit einem Verbot kann man nichts erreichen. Der Hound kann nicht begreifen, warum er uns nicht auf Schritt und Tritt folgen darf. Für uns war es eine etwas unbequeme Zeit, da wir nun selbst über diese Gitter steigen mußten, aber aus Liebe zu unseren Hounds, taten wir es eben. Als erwachsene Hunde konnten sie sich dafür eines kräftigen und gesunden Knochenbaus erfreuen.

Nicht nur das Treppensteigen, auch ein zu hohes Auto kann dem Basset Hound schaden, besonders das Hinausspringen aus dem Wagen; die ganze Körperlast überträgt sich auf die Vorderläufe. Wir haben uns von einem geschickten Handwerker einen kleinen zusammenklappbaren Tritt bauen lassen, der für unsere Bassets wie ein Laufsteg war und mit Schwanzwedeln und Gebell immer begrüßt wurde. Vielleicht lächeln Sie darüber, daß wir uns diese Mühe machten, doch ist man jeglicher Rasse bei Problemen zu einer Lösung verpflichtet. Wir hatten gesunde und fröhliche Hunde und brauchten den Tierarzt fast nur zum Impfen oder zur jährlichen Kontrolle.

Erziehung autoritär oder antiautoritär?

Im Grunde genommen ist es leicht, sich seinen Gefährten so zu erziehen, wie man ihn wünscht, denn der Hund leistet kaum Widerstand. Aber Erziehung ist nicht das gleiche wie Abrichtung oder Dressur, denn unser Basset Hound soll die Rolle eines Familienhundes übernehmen, das heißt mit uns leben, so lustig und gemütlich, wie das Leben sein kann, aber auch lernen, mögliche Veränderungen im eigenen Familienbereich zu verkraften. So ist das Erziehen auch gleichzeitig das Beibringen von guten Manieren. Strafen sollte man den Hund nur dann, wenn er Verbote übertritt; wenn der Junghund nicht tut, was wir gerade von ihm verlangen, so ist das kein Ungehorsam, sondern er begreift nicht, was wir von ihm wollen. Wir müssen also weiter mit ihm üben.

Das Betteln wächst manchem Hundebesitzer über den Kopf, aber wo ist die Ursache? Wenn die Familie sich einig ist, daß am Tisch betteln nicht beachtet wird, so trollt sich der Hound davon. Aber lästig ist es, wenn der menschliche Lehrmeister nicht widersteht und ihm einen Hundekuchen

Bitte, bitte!!!

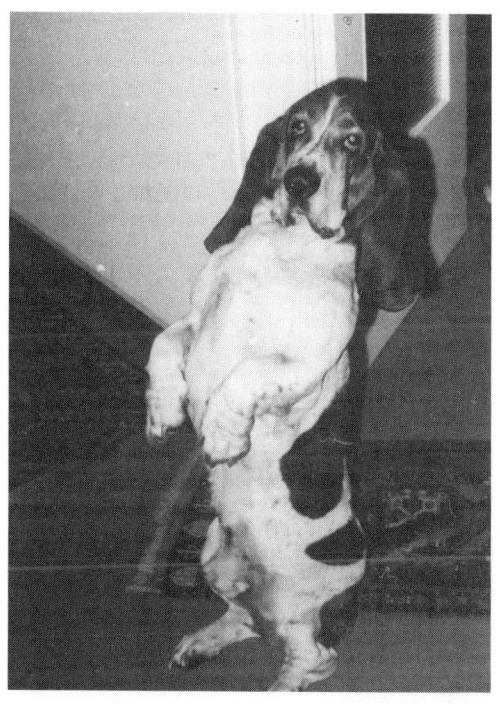

»zuschiebt«. Wir hatten nie bettelnde Hunde am Tisch, sie blieben gern in unserer Nähe, aber kümmerten sich kaum um uns. Allerdings fütterte ich die Hauptmahlzeit für die Hunde vor unserer Mahlzeit. Bis ins hohe Alter habe ich unseren Hunden zweimal am Tag Futter gegeben. Pascal verstand es, seine Häschen-Bettelpose aufzubauen, mitten in einem Restaurant, fast von jedem Tisch fiel etwas für ihn ab, es hat ihn aber nicht verdorben, im Hause wußte er genau, daß man damit nichts erreicht. Ich glaube, daß die schlauen Hunde genau wissen, wo man sich durchsetzen kann oder nicht. Dasselbe spielte sich bei der Platzzuweisung auf der Couch oder dem Sessel ab: wir gaben mit einer übergelegten Decke einen Sessel frei, das war der Basset-Thron, denn man wollte auch mal einen Tisch überschauen. War der Sessel nicht bedeckt, bestiegen ihn die Hunde nie. Wir haben unsere Hunde nie angebrüllt, niemals geschlagen. Mein Mann mußte sich unserem starken Rüden Pascal gegenüber durchsetzen als menschlicher Leithund, er beutelte ihn, und der Hund ergab sich. Vielleicht hatten wir ein besonderes Talent zur Erziehung der Hunde, aber ein kleines Geheimnis lag sicher darin, daß wir eine »Mini-Meute« hielten; einer sorgte immer für Ordnung und überzeugte seine Hound-Brüder. Nie sollte man einem Hund, unserem treu ergebenen Freund, »das Kreuz brechen«, nur um zu gewinnen.

Wichtig sind kurze Kommandos (besonders beim jungen Hund): »Sitz Pascal«, »braver Hund«, »aus«, »Platz«, »Steh«, »Niederlegen«, mit deutung der flachen Handfläche weisend, oder »bei Fuß«, und viele Worte mehr, die sich auch innerhalb eines Zusammenlebens nach und nach ergeben. Ist der Hund älter, kann man schon längere Sätze sagen: »Wollen wir ausgehen?« »Was hast du getan?« »Das ist Pfui . . .«!

Von diversen Hundevereinen werden im Sommer Ausbildungskurse für Familienhunde angeboten, wobei man seinen eigenen Hund führen muß. Das Training beschränkt sich auf Gehorsamsübungen im Straßenverkehr, U-Bahn oder Bus-Fahren, Hundewiesen ohne Raufen besuchen zu können und vieles, was wir im Alltag wissen und machen müssen. Es ist keine Dressur! Die von den Landesgruppen veranstalteten Spaziergänge sind ebenfalls für eine kurze Information geeignet und aus den Erfahrungen anderer kann man viel mit nach Haus nehmen, denn der eine und der andere hat vielleicht mit der Erziehung eines Basset Hound-Rüden doch seine Schwierigkeiten.

Alleinbleiben im Haus

Wenn der Hound in der Wohnung oder im Haus das Alleinsein nicht gewohnt ist, kann es Probleme bis zur Kündigung geben. Denn der Hund jault, bellt oder zerkratzt die Türen. Einen Rat, wie das Problem erfahrungsgemäß gelöst werden kann, möchte ich Ihnen gern vermitteln: Ich habe damit begonnen, den Basset Hound nach kurzer Eingewöhnungszeit schon mal eine halbe Stunde allein zu lassen. Bevor ich das tat, machten wir einen kleinen Spaziergang zusammen. Dann wurde das Körbchen in die Küche gebracht, der Raum war für das Alleinsein am besten geeignet. Er bekam frisches Wasser in den Napf, und ich schloß nicht die Tür, sondern montierte wieder das bewährte Babygitter an. So konnte der Hund einige Räume übersehen und fühlte sich nicht »wegge-sperrt«. Den Radioapparat ließ ich sehr leise laufen, und da wir damals einen Kanarienvogel hatten, stellte ich auch diesen in die Küche. Nach Auskunft der Nachbarn jaulte und bellte der Hound anfänglich etwas.

Wir hatten dann allerdings auch einen festen Begriff für diese Situation: »Warten, braver Pascal, Frauchen kommt gleich wieder!«, so verabschie-dete ich mich mit einem ausgiebigen Streicheln. Er knabberte am Büffel-hautknochen, allerdings ging auch mal ein Körbchen entzwei, oder es wurde eine Decke zerfetzt.

Meiner Meinung nach machen die Hundebesitzer immer wieder den Fehler, daß sie zu spät damit anfangen, dem Hund das Alleinsein beizu-bringen. Es ist sehr schwer, so ein kleines süßes Bündel mit dem hilflosen Blick zu verlassen, aber wenn man sich keinen Tyrannen heranziehen will, muß man so handeln. Sonst muß Herrchen oder Frauchen getrennt ausgehen oder gar einen Hundesitter engagieren.

Ich teile auch nicht die Ansicht, daß es herzlos sei, den Hund in eine Hundepension zu geben. Nach sorgfältiger Prüfung kann man das tun. Auch hierfür hatten wir einen bestimmten Satz: »Wir fahren zu Tante Vera!« Die Hundepension war auf dem Lande, es waren dort viele Artge-nossen, und man durfte nach Herzenslust bellen und toben sowie neue Hundkontakte erschnüffeln.

Fällt der Hund zur Last, weil er gewisse Notwendigkeiten in den jüngsten Lebensmonaten nicht gelernt hat, tritt ein gestörtes Verhältnis zwischen Mensch und Hund auf, und es kann soweit kommen, daß der geliebte vierbeinige Partner abgeschoben wird, denn der Mensch ist Egoist und trennt sich nicht gern von einem Leben voller Bequemlichkeiten.

Ist der Basset Hound pflegeleicht?

Da der Basset Hound ein kurzes Haarkleid hat, ist er verhältnismäßig leicht zu pflegen. Mit einer Gummibürste, speziell für Kurzhaarhunde und einer Bürste mit Naturborsten, sollte man ihm täglich den Staub aus-bürsten. Auch kann man zur Massage einen Hunde-Gummihandschuh benutzen. Mit dieser Pflege kann man den lästigen Haarwechsel besser beherrschen. Jeden Morgen sollte man mit einem nassen Waschlappen das Gesicht des Hundes erfrischen und dabei Staubreste aus den hängenden Augenlidern vorsichtig entfernen, da durch die offene Nickhaut sich stärkerer Schmutzansatz sammelt. Doch dieses sollte man mit zarter Hand ausführen. Nach einem Spaziergang, besonders im feuchten regennassen Wetter, muß der lange Bauch abgetrocknet werden. Man stellt sich in Grätsche über den Hund und beginnt von vorn am Kopf über die Wamme zum Brustbein hinunter zu frottieren und setzt neu an, unter den Vorderläufen bis zu den Hinterläufen die Bauchhaut sanft abzutrocknen.

Alsbald empfindet unser Basset Hound diese Art von Reinigung als lustig und als Spiel, und er stellt sich in Position. Auch die großen Pfoten müssen mit einer nicht zu harten Bürste gereinigt werden. Man darf niemals die zwischen den Ballen und Krallen gewachsenen Haare herausschneiden, sie geben einen gewissen Schutz. Da der Hound nur einmal im Leben unter seinen Pfoten Sohlen erhält, müssen diese geschont werden. Sehr schnell werden sie vom Fußwegschotter rauh und rissig, was dem Hund Schmerzen bereitet. Ich habe diese Sohlen, ob Sommer oder Winter, immer mit einer Vaseline-Creme nach Bedarf einmassiert.

Die starken Krallen habe ich, sofern notwendig, gefeilt; es gibt auch Spezial-Krallenscheren für die besonders harten und starken Krallen des Basset Hound.

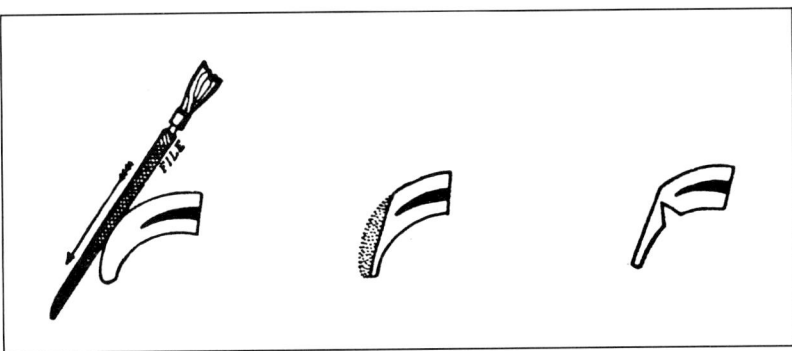

66 *Pflegen der Krallen. Ansetzen der Nagelfeile.*

»Der Basset Hound-Kopf behangen mit Ohren, die den Tau vom Grase streifen« – Shakespeare –, ist leider nur poetisch aber nicht praktisch. Die langen Behänge fegen jeglichen Schmutz im Haus und draußen vom Boden. Deshalb ist es wichtig, die Ohren mit einem feuchten Tuch (auch Ledertuch) abzuwischen. Auch nach jeder Fütterung, denn man sollte dem Hund keine Einschränkungen beim Fressen auferlegen wie Serviette umbinden oder einen sich verjüngenden Freßnapf benutzen; schließlich hat man sich einen Basset Hound mit der Seltenheit solcher langen Behänge ausgestattet, angeschafft. Die Innenohrgänge (Ohrmuschel), sollte man mit einem trockenen, weichen Papiertuch reinigen. Da es ihn beim Auswischen kitzeln wird und er den Kopf schüttelt, kann man die Ohrtips (kleine Holzstifte mit Wattebausch umwickelt) nicht verwenden. Es besteht die Gefahr, daß der Stift durchbricht und ein Teil im Ohr steckenbleibt. Außerdem könnte man bei zu tiefem Hineintasten mit dem Ohrtip, leicht das Innenohr verletzen.

Eine weitere Pflegepflicht ist die Reinigung des Bauchbereiches. Im Sommer setzen sich bei dem Ruden im Penisbereich schon mal Flöhe oder sonstiges Ungeziefer fest. Durch regelmäßiges Sauberhalten kann man das vermeiden. Auch sollten der After und die Analdrüse von Kotschmutz regelmäßig gereinigt werden. Fährt der Hund »schlitten«, ist die Analdrüse verstopft, und da man sie meist nicht gern selbst entleert, sollte man einen erfahrenen Züchter oder den Tierarzt darum bitten; vielleicht lernt man die Handhabung dann selbst.

Zähne und Zahnstein-Pflege sollte man vom Tierarzt kontrollieren lassen, um einem unangenehmen Maulgeruch, der allerdings auch andere Ursachen haben kann, vorzubeugen.

Doch alle noch so sorgfältige Pflege kann nicht die »Streicheleinheiten« ersetzen, die man unserem Basset gönnen muß, und das tagtäglich. Die Dankbarkeit gerade dieser Rasse, die viel Liebe braucht, macht es dem menschlichen Freund doch sicherlich leicht, das Streicheln, beginnend an den Schultern bis zur Brustseite über den Rücken, über das dargebotene Bäuchlein immer wieder zu tun. Kraulen der Ohren am Kopfansatz und unter der Wamme kann zum täglichen Programm werden, und ein Nasenstupser, sehr energisch, verlangt immer mehr, ohne Ende!

Je älter unsere Hounds wurden, je inniger wurde unser Zusammenleben mit ihnen. Kaum, daß man Befehle geben mußte, sie ahnten, was wir wollten. Sie teilten mit uns Freude und auch Leid, sie nahmen alles in Kauf und paßten sich jeder Situation an.

Die viele Literatur, die uns in unserer hektischen Zeit mit neurotischen Haustieren überschwemmt, würde nicht nötig sein, wenn wir mehr dem Gesetz der Geduld und Liebe folgen würden und nicht dem Ehrgeiz.

Es gibt keinen schwierigen Hund, wir machen ihn dazu. Ich hoffe, daß Ihnen dieses kleine Buch die Seele eines Basset Hound ein wenig geöffnet hat und Sie sich diesem Hund zuwenden, nicht nur weil er »exklusiv« oder »clownig« ist, sondern ein ganz normaler Hund!

Erwachsensein wird schwer.

Mit dem
Basset Hound auf Ausstellungen

Entwicklungsgeschichte des Ausstellungswesens

In der Mitte des 19. Jahrhunderts veränderte sich der Charakter der bürgerlichen Gesellschaft. Auch auf die Hundezucht blieb die hiermit verbundene Denkweise der Menschen nicht ohne Einfluß. Mehr und mehr wurde eine systematisch betriebene Zucht auf bestimmte Rassen mit typischen hervorstechenden Merkmalen verlangt. Es begann eine organisierte Hundezucht in unterschiedlichen Züchtervereinigungen, doch existierten keine planmäßig geführten Zuchtbücher.

Einen grundlegenden Wandel brachten die Hundeausstellungen, auf denen die Züchter Gelegenheit hatten, ihre Erfahrungen auszutauschen und einen Standard ihrer Rasse aufzubauen, um nach diesem die besten Hunde zu prämieren.

Im Jahre 1859 veranstalteten die hunde- und zuchtbegeisterten Engländer in Newcastle die erste Hundeausstellung, aber nur mit einigen Rassen.

Die erste deutsche Hundeausstellung fand im Jahre 1853 in Hamburg statt, und zwar in einer Turnhalle, die sich allerdings für 450 Hunde einschließlich der mitgebrachten Würfe als zu klein erwies, so daß auf dem benachbarten Feld ein Schuppen errichtet wurde. Übrigens kam zu dieser Zeit auch der »Maulkorb« auf, vielleicht ein Zusammenhang zwischen Ausstellung und Hundeansammlung?

Im Jahre 1891 wurde in England die »Cruft's Dog Show« veranstaltet, die sehr bald Weltgeltung errang. Als junger Mann stand Charles Cruft in Diensten einer englischen Hundefutterfirma, und als tüchtiger Geschäftsmann erkannte er bald, daß sich diese Produkte am besten dort verkaufen lassen, wo viele Hunde zusammenkommen. Er organisierte auf der Pariser Weltausstellung im Jahre 1878 eine angeschlossene Hundeausstellung, die so große Begeisterung fand, daß der junge Engländer mit einer Goldmedaille ausgezeichnet wurde.

Ausstellungsalltag in der Warte-Box.

1891 nahmen in England bereits 2500 Rassehunde an organisierten Ausstellungen teil, die von 20 Preisrichtern bewertet wurden. Im gleichen Jahr erhielt die Ausstellung in der Royal Agricultural Hall erstmals den Namen ihres Gründers: »Cruft's Dog Show« – und blieb bis jetzt als eine Leistungsschau des englischen Hundesportes erhalten.

Zehntausende von Zuschauern drängeln sich bis heute jedes Jahr im Februar in die Ausstellunghallen in London. Dort treten alle nur erdenklichen Hunderassen auf neben Angeboten von Kunst und Kitsch, Büchern, Zeitschriften und jeglichen Industrieprodukten, die sich um den Hund bewegen. Gerühmt wird von den Besuchern die zur Tradition gewordene vorbildliche Organisation. Allerdings steckt dabei auch ein kommerzieller Gedanke dahinter. Mit dieser Londoner Ausstellung soll der Export englischer Rassen gefördert sowie bestimmte Rassen in anderen Ländern vorgestellt und bekannt gemacht werden; davon profitierte auch der Basset Hound.

Dem englischen Beispiel folgend werden alljährlich in Deutschland »Internationale Hunde-Ausstellungen« unter der Schirmherrschaft des FCI und Spezialausstellungen unter dem Schutz des VDH durchgeführt. In den deutschen Großstädten erreichen sie nicht selten eine Besucherzahl von ungefähr 20 000 Menschen, die interessiert das Richten im Ring verfolgen und danach die ausgestellten Hunderassen in den Boxen bestaunen.

Ich bin nur Zuschauer!

Zuchtschauen

Einteilung der Zuchtschauen mit Antragstellung:
a Spezialzuchtschauen einzelner Rassehunde-Vereine, vom VDH genehmigt und geschützt.
b Allgemeine Rassehunde-Zuchtschauen, nationale Ausstellungen der Landesverbände des VDH.
c Internationale Rassehunde-Zuchtschauen (CACIB, CACIT) veranstaltet von den Landesverbänden des VDH oder direkt vom VDH, geschützt von der FCI.

Zur Teilnahme müssen Anträge gestellt und Gebühren entrichtet werden; Auskünfte und Anmeldeformulare erhält man von der zuständigen Landesgruppe des BHC oder direkt beim BHC (Basset Hound-Club).
Auf der Ausstellung werden die Hunde in folgende Klassen eingeteilt:
☐ Jüngsten-Klasse für Hunde im Alter von 6 bis 9 Monaten.
☐ Jugend-Klasse für Hunde im Alter von 9 bis 15 Monaten.
☐ Offene Klasse für Hunde ab 15 Monate.

72 *Winner (Sieger) auf einer englischen Show.*

- ☐ Gebrauchshund-Klasse für Hunde ab 15 Monate mit Ausbildungskennzeichen (hier Basset Hound für Jagd).
- ☐ Sieger-Klasse für Hunde mit anerkanntem Siegertitel.
- ☐ Zucht-Klasse für Hunde ab 15 Monate, aber lediglich Hunde im Besitz des Züchters und nur auf Spezial-Zuchtschauen auszustellen.
- ☐ Veteranen-Klasse für alte Hunde in bester Kondition.
- ☐ Klasse außer Konkurrenz.

Formwerte. In jeder Klasse (außer Jüngsten- und Veteranen-Klasse) werden Noten vergeben – Vorzüglich – sehr gut – gut – genügend – ungenügend –.

Titelvergebung und Preise. Der Titel »Jugendbester« wird nur in der Jugend-Klasse an den besten mit »Vorzüglich« bewerteten Rüden oder die Hündin vergeben.

CACIB und CACIB-Reserve: Certificat d'Apitude au Championat International de Beauté (Befähigungsnachweis für das Internationale Schönheits-Championat).

CACIT: Certificat d'Apitude au Championat International de Travail (Befähigungsnachweis für das Internationale Gebrauchshund-Championat).

Die Vergabe dieser vorgenannten Titel erfolgt nach den Bestimmungen des FCI.

CAC bedeutet die Anwartschaft auf den Nationalen Siegertitel, nach drei Bewertungen »Deutscher Champion«.

SA ist der Titel eines »Clubsiegers« nach dreimaliger Bewertung.

Bundessieger ist der Titel, der auf einer (einmal im Jahr) stattfindenden »Bundessiegerschau« vergeben wird.

Weltsieger wird auf einer »Welthundeausstellung« mit angeschlossenem Kynologischen Weltkongreß in unterschiedlichen Ländern vergeben.

Richter und Aussteller

Ob ein Richter(-in) unserem Basset Hound auf einer Ausstellung im Ring die höchste Bewertung zuspricht und wir stolz die Urkunde in

Empfang nehmen oder unser vierbeiniger Akteur die niedrigste Zensur mit nach Haus nehmen muß, er ist und bleibt für uns der gleiche gute Hound wie bisher. Eine Ausstellung darf niemals die Beziehungen zwischen Hund und Mensch beeinflussen. Es handelt sich um eine sportliche Veranstaltung, die Gleichgesinnte zusammenführt.

Der Richter(-in) bewertet den Hund lediglich nach Standard, also nach Äußerlichkeiten, und er kann und will dem vorgeführten Hund nicht in die Seele schauen.

VERBAND FÜR DAS DEUTSCHE HUNDEWESEN E. V.
SITZ DORTMUND (VDH)
Mitglied der Fédération Cynologique Internationale (FCI)

Anwartschaft auf den Titel

„Internationaler Champion Schönheit"
der FCI

Auf der internationalen Zuchtschau für Hunde aller Rassen

am

31. Mai 1970

in

Hamburg

ist

der Basset-Hound-Rüde "Northington's Lord"

Bes.: Herr Prof. Dr. Heinsius, Hamburg 39

für das CACIB in Vorschlag gebracht worden

Dortmund

im Juni 1970

HAUPTGESCHÄFTSFÜHRER

Über Vorbereitungen und den technischen Ablauf sowie die vorgeschriebenen Papiere, das Verhalten auf einer Ausstellung, das Erlernen des Vorführens eines Hundes, was man für den Tag mitnehmen muß, und vieles mehr, ist ein interessantes Sachbuch von Dr. Peter Beyersdorf »Dein Hund auf Ausstellungen« (in der Reihe »dein hund«, Verlagsgesellschaft Rudolf Müller, Köln-Braunsfeld) erschienen. Wer ein Ausstellungs-Fan werden will, sollte dieses Buch unbedingt lesen.

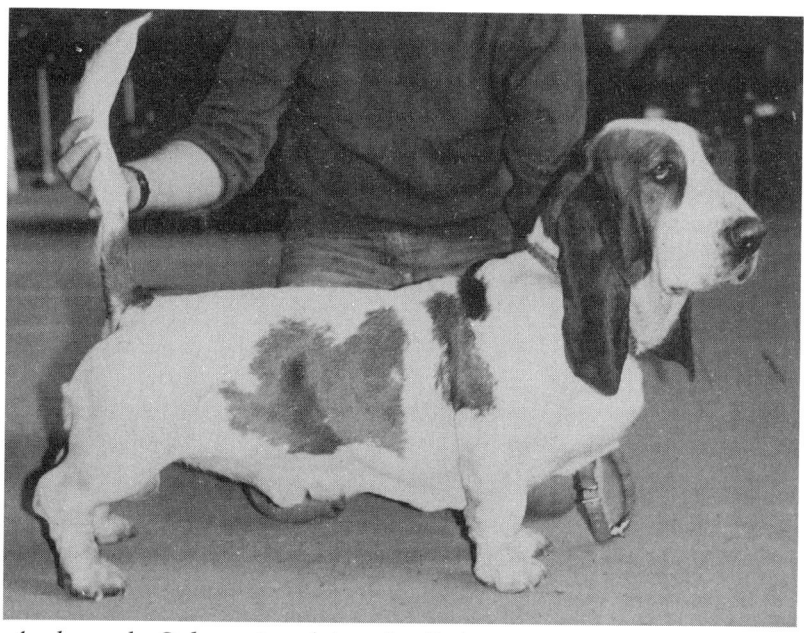

Ausdauerndes Stehvermögen bringt den Preis.

Ernährung

Die wildlebenden Ahnen unseres Hundes waren Jäger. Sie verzehrten ihre Beute mit Haut und Haar. Bevorzugte Leckerbissen waren die Innereien. Magen und Darm ihrer Beutetiere enthielten auch vorverdaute Pflanzen und wichtige Vitamine. Wölfe und Wildhunde fraßen also nicht nur Fleisch. Genauer wäre die Bezeichnung »Tierfresser«. Aus Untersuchungen des Mageninhaltes wissen wir, daß darüber hinaus praktisch alles auf dem Speisezettel stand, was die Natur bot: Früchte, Samen und Gräser, Frösche und Schlangen, selbst Insekten wurden verzehrt. Nur so konnten der Hunger gestillt und genügend Vitamine und Mineralstoffe aufgenommen werden.

Angemessene artgemäße Nahrung hat der Hundehalter seinem Hund nach dem Tierschutzgesetz anzubieten. Unkenntnis und falsch verstandene Tierliebe können leicht zu Tierquälerei führen: Der Hund ist kein Resteverwerter. Mit Süßigkeiten ist ihm nicht gedient. Falsche Ernährung kann Fettsucht, innere Erkrankungen oder Hautkrankheiten verursachen. »Angemessen« ist nur eine gesund erhaltende Nahrung. Die Freßgewohnheiten der Wildtiere zeigen, wie das Futter zusammengesetzt sein muß:

Fleisch ist die Ernährungsgrundlage. Es enthält neben Salzen, Geschmacksstoffen und Vitaminen vor allem Eiweiß. Reines Muskelfleisch oder Herz kann ebenso wie ausschließlich minderwertige sehnige, häutige oder knorpelige Teile zu Verdauungsstörungen führen. »Artgemäß« ist eine aus leichter und schwerer verdaulichen Bestandteilen gemischte Fleischgrundlage. Dazu gehört auch tierisches Fett. Es dient als Energiequelle. Ungesättigte Fettsäuren sind zur Gesunderhaltung nötig. Sie sind vor allem in Pflanzenölen enthalten.

Pflanzen enthalten neben Eiweiß, Vitaminen und Mineralstoffen vor allem Stärke und Zucker. Diese Kohlehydrate liefern ebenfalls Energie. Wichtig sind die für den Hund unverdaulichen Rohfasern. Sie sättigen, füllen den Darm und sorgen dadurch für eine geregelte Verdauung. Roh-

Der Basset Hound liebt Kinder.

kost ist kaum verdaulich. Die Energiequellen müssen durch vorherige Erhitzung »aufgeschlossen« werden.

Rohfaserarme Pflanzenkost wie gekochter Reis wird fast vollständig abgebaut. Für den gesunden Hund ist eine Ergänzung der Fleischgrundlage durch aufgeschlossene rohfaserhaltige Pflanzenkost das Richtige.

Eine vielseitig zusammengesetzte Nahrung enthält auch Vitamine. Das sind Wirkstoffe, die für Stoffwechselprozesse wie Blutgerinnung, Nervenfunktion oder Infektabwehr benötigt werden, die der Körper jedoch selbst nicht produzieren kann. Mineralstoffe und Spurenelemente sind nicht nur für den Knochenbau, sondern auch für viele andere Stoffwechselprozesse unerläßlich.

Eine Wissenschaft für sich?

Erhaltungs- und Leistungsbedarf, Nährwerttabellen, Kalorien und Joule – das ist schon eine Wissenschaft für sich – beflügelt durch die Futtermittelindustrie. Bei allem Respekt wundert sich der Praktiker, daß trotz Unkenntnis und Fehlern früherer Zeiten die Spezies Haushund nicht längst ausgestorben sind. Zum besseren Verständnis genügen folgende Überlegungen:
Der Körper des erwachsenen Hundes befindet sich in einem dauernden Umbau. Zur Erhaltung der Körpersubstanz sind daher Eiweißbausteine erforderlich, für die damit verbundenen Stoffwechselvorgänge Energielieferanten, Vitamine und Mineralstoffe. Das Futter soll in der Trockenmasse etwa ein Drittel Eiweiß, mindestens fünf Prozent Fett und höchstens die Hälfte Kohlehydrate enthalten.
Welpen und Junghunde brauchen für ihr Wachstum mehr Nahrung als gleich schwere erwachsene Hunde, bis zum sechsten Monat etwa doppelt so viel und dann immerhin noch fünfzig Prozent mehr. Ihr Futter soll zu zwei Dritteln, später mindestens zur Hälfte aus Fleisch und anderen Eiweißstoffen bestehen.
Diese Richtwerte gelten nur bei normaler Belastung. Besondere Leistungen erfordern eine Zulage. Als Fleischfresser kann der Hund zwar auch aus Eiweiß Energie gewinnen, die Ausbeute ist jedoch gering (und teuer). Zugelegt werden daher kohlehydrathaltige Futtermittel. Erhaltungs- und Leistungsbedarf sind praktisch nicht zu trennen. Bei Dauerbelastung kann bis zu viermal mehr Energie als bei Ruhe verbraucht werden.

Die wichtigsten Grundregeln

Die Futterration kann nicht mit der Briefwaage abgemessen werden. Neben Alter und Leistung ist die individuelle Veranlagung des Hundes aus-

schlaggebend. Es gibt gute und schlechte Futterverwerter. Ein normal
veranlagter, durchschnittlich beanspruchter erwachsener Basset Hound
braucht täglich etwa eine Futtermenge von 800 bis 1000 g Fleisch mit Zu-
gabe von etwa 200 bis 300 g Flocken, sowie Gemüse und Brühe (oder
Wasser). Den gleichen Nährwert haben 1 700 g Dosen-Vollnahrung oder
700 g Trockenfutter. Bei einem gesunden, gut ernährten Basset Hound
sollen die Rippen optisch nicht hervortreten, mit der flachen Hand aber
noch fühlbar sein. So kann man »erfühlen«, ob etwas Futter zugelegt
oder abgezogen werden muß.

Junghunde können die tägliche Futtermenge unmöglich auf einmal aufnehmen. Eine Magenüberladung wäre die Folge. Knochen, Bänder und
Gelenke würden zu stark belastet und bleibende Schäden davontragen.
Immerhin braucht ein halberwachsener Basset Hound mit einem Kör-
pergewicht von etwa 15 kg bereits genau so viel Futter, wie sein ausge-
wachsener Artgenosse. Die Ernährung der Welpen erfolgt zunächst genau so, wie der Züchter es gehandhabt und dem Käufer empfohlen hat.
Umstellungsbedingte Verdauungsstörungen werden so vermieden. Dem
Welpen wird die Eingewöhnung erleichtert.

Bis zum Abschluß des Zahnwechsels mit etwa sechs Monaten erhält der
Junghund täglich drei, später bis zum Abschluß des Wachstums mit etwa
eineinhalb Jahren zwei Mahlzeiten täglich. Der Junghund darf zunächst
noch etwas »Babyspeck« haben. Er hilft, Krankheiten besser zu überste-
hen. Mangelernährung in der Jugend ist kaum wieder gutzumachen.

Fresser werden nicht geboren, sondern erzogen: Der erwachsene Hund
erhält täglich eine Mahlzeit. Was in einer Viertelstunde nicht aufgefres-
sen ist, gehört in den Mülleimer. Wichtig ist eine regelmäßige feste Fut-
terzeit, weniger wichtig, ob dies morgens, mittags oder abends ist. Stets
soll jedoch der Hund nach dem Fressen ruhen, so wie es auch Wildtiere
nach ergiebigem Mahl zu tun pflegen. Bei »Sport und Spiel« besteht die
Gefahr, daß sich ein gefüllter Magen verdreht – eine lebensgefährliche
Situation.

Das Futter soll vielseitig sein, damit es alle benötigten Nährstoffe enthält.
Der Hund braucht aber keine Geschmacksabwechslung. Er kann durch-
aus dauernd das gleiche Futter erhalten, wenn dies optimal zusammengesetzt ist.

Fertigfutter – sicher, bequem und preiswert

Die Vorurteile gegen Fertigfutter sind überholt. Es entspricht in Eiweißanteil und sonstigen Inhaltsstoffen den wissenschaftlichen Erkenntnissen. Durch moderne Konservierungsverfahren werden Vitamine weniger geschädigt, als durch haushaltsübliches Kochen. Krankheitserreger im Fleisch werden bei der Herstellung abgetötet. Ein weiterer Vorteil ist die praktische Vorratshaltung. Auf Reisen ist Fertigfutter die einfachste Futterlösung. Es ist nicht teurer als selbst zubereitetes Futter. Gegen Fertigfutter gibt es eigentlich nur einen Einwand: Artgemäßerweise frißt der Hund Rohes, nicht aber Gekochtes.

Dosenfutter enthält reichlich Eiweiß. Das Etikett muß genau gelesen werden:»Vollnahrung« enthält bereits pflanzliche Futtermittel und ist futterfertig. Zu »Fleischnahrung« müssen noch Flocken, Reis oder Gemüse zugemischt werden. Als vermeintlicher Nachteil werden vielfach die großen Kotmengen nach Verfütterung von Dosenfutter empfunden. Sie sind Folge des Rohfaseranteils und der damit verbundenen guten Darmfüllung. Geschwächte kranke Hunde reagieren bei plötzlicher Umstellung auf Dosenfutter gelegentlich mit Durchfall.

Fertigfuttermischungen aus Trockenfleisch und Nährmitteln werden mit warmem Wasser oder Brühe dickbreiig angerührt – eine unproblematische Futterzubereitung.

Trockenfutter in Keks- oder Ringform und Hundekuchen werden trokken verfüttert. Sie enthalten fünfmal weniger Wasser, als normal feuchtes Futter. In einem Extranapf muß daher unbedingt Wasser angeboten werden. 200 g Trockenfutter haben etwa den gleichen Nährwert, wie eine 850 g Dose Vollnahrung oder 400 g Fleisch und 125 g Flocken. Zusätzliche »Leckerlis« sind Dickmacher!
Fertigfutter ist nach dem Bedarf erwachsener Hunde zusammengestellt. Es enthält mit Ausnahme speziellem Welpen-Dosenfutters zu wenig Eiweiß für den wachsenden Hund. Trockenfutter hat meist einen niedrigeren Eiweißgehalt als Dosenfutter. Junghunde müssen daher eine Eiweiß-Zulage, erhalten zum Beispiel eine Fleischmahlzeit oder Zumischung von Fleisch oder Fleisch-Fertignahrung. Fertigfuttermischungen können auch mit Milch angerührt werden.

Eigener Herd . . .

Schwieriger ist es, seinen Hund mit selbst zubereitetem Futter zu ernähren. Man muß dazu einiges über Wert und Eigenschaften der Futtermittel wissen.

Fleisch ist teuer; Rinderpansen und Blättermagen, Herz, Fleischabschnitte, Maulfleisch, Leberabschnitte, Schlund, Milz und Nieren sind ein fast vollwertiger Ersatz. Euter, Lunge und »Schweineringel« sind nur bedingt und in kleinen Mengen geeignet. Besonders wertvoll ist »grüner« Pansen, ein roher, ungereinigter Rindermagen: Die Futterreste sind bereits vorverdaut und enthalten Vitamine, die aus dem Pflanzenfutter stammen oder im Pansen gebildet wurden. Haltbarer und weniger duftend ist der gereinigte und gebrühte »weiße« Pansen. Rohe Leber und rohe Milz haben eine abführende Wirkung und dürfen daher – je nach Kotbeschaffenheit – nur in kleinen Mengen zugegeben werden. Geflügelinnereien und Schweinefleisch sollten stets gekocht werden. Sie könnten sonst Durchfall oder die gefürchtete Aujeszky'sche Krankheit übertragen. Die Fleischgrundlage sollte stets aus verschiedenen Bestandteilen bestehen. Bei einseitiger Zusammensetzung, zum Beispiel ausschließlich Pansen, können Eiweißbausteine fehlen, die der Hund braucht.

Andere Eiweißquellen können das Futter vervollständigen. Hunde mit gesunder Leber und Niere dürfen gelegentlich unverdorbenen Fisch, frei von harten Gräten, fressen. Junghunde bis zum sechsten Monat können täglich eine mit Milch hergestellte Mahlzeit erhalten. Bei älteren Junghunden muß Kuhmilch verdünnt werden. Erwachsene Hunde erhalten – wie in der Natur – keine Milch. Sie können den Milchzucker nicht verdauen. Der Darminhalt wird dadurch zu weich. Hauterkrankungen können die Folge sein. Besser als Kuhmilch sind Welpenmilch-Präparate, die auch von älteren Hunden vertragen werden. Auch rohes Eiklar kann der Hund nicht richtig verdauen. Rohes Eigelb ist dagegen vor allem für junge und kranke Hunde gesund und bekömmlich. Gekochte und gebratene Eier verträgt jeder Hund. Viele Hunde mögen auch Magerquark – eine wertvolle Ergänzung hochwertigen Eiweißes – besonders für Junghunde. Käse ist nicht schädlich. Käserinden, Wurstpellen, Geräuchertes und Gewürztes gehören aber nicht in den Hundenapf.

Einkaufsmöglichkeiten für Futterfleisch bieten Hundefutterhandlungen und Fleischereien sowie Zoogeschäfte und Supermärkte. Frisches Futterfleisch ist leicht verderblich und sollte auch bei Kühlung nicht länger als zwei Tage aufbewahrt werden, gekochtes hält sich ein bis zwei Tage länger. In der Gefriertruhe kann man Fleisch etwa drei Monate aufbewahren, zweckmäßigerweise in dicht schließenden Kunststoffbeuteln portionsweise verpackt.

Die Zubereitung des Futters erfordert nur geringen Aufwand. Da der Hund sein Futter nicht kaut, sondern schlingt, wird das Fleisch in maulgerechte Happen geschnitten, aber nicht wie Hackfleisch zerkleinert. Viele Hundefutterhändler nehmen dem Käufer diese Arbeit ab. Das frische oder aufgetaute Fleisch wird mit heißem Wasser angebrüht. So bleibt es innen roh, wird aber leicht erwärmt. Eiskaltes Futter ist Gift für den Hundemagen.

Als pflanzliche Ergänzung können gekochte Haferflocken, Graupen oder Reis zugegeben werden. Einfacher geht es mit »Hundeflocken«, einem Gemisch getoasteter und daher verdaulicher Getreideerzeugnisse mit ausreichendem Rohfasergehalt. Zwei Maß Flocken werden einem Maß Fleisch mit warmem Wasser zugemischt. Das Futter soll dickbreiig, nie suppig sein. Junghunde erhalten Flocken und Fleisch zu gleichen Raumteilen. Von Fall zu Fall sollen die Flocken ganz oder teilweise durch Gemüse ersetzt werden, das mit einer Gabel zerdrückt wird. Es schadet nichts, wenn Essenreste leicht gesalzen sind. Der Hund braucht Kochsalz für eine einwandfreie Nierentätigkeit. Hülsenfrüchte und Kohl gehören allerdings nicht ins Hundefutter. Sie sind schwer verdaulich und verursachen Blähungen.

Rohkost, insbesondere fein zerkleinerte Möhren und Äpfel, sind eine sättigende und vitaminreiche Futterergänzung. Auch gehackte Petersilie oder Kresse und frische Obst- und Gemüsesäfte vervollständigen das Vitaminangebot.

Zur Versorgung mit ungesättigten Fettsäuren – wichtig zum Beispiel für Haut und Haar – kann dem Futter einmal wöchentlich ein Teelöffel Pflanzenöl zugesetzt werden. Auch eine Scheibe Brot mit Pflanzenmargarine ist eine vorzügliche Ergänzung, insbesondere gut durchgebackenes Roggenbrot. Brot soll aber nie eingeweicht werden.

Für den Junghund ist eine ausreichende Vitamin D-Versorgung zur Verhütung der Knochenweiche (Rachitis) besonders wichtig. Überdosierungen sind aber schädlich. Anstelle des Lebertrans sollten daher genau dosierbare Vitamin D-Präparate nach tierärztlicher Verordnung gegeben werden. Bierhefe-Bestandteil vieler Hundeflocken – enthält auch B-Vitamine. Für den jungen Hund ist die Zufütterung von »Futterkalk« für Wachstum und Knochenbau unerläßlich. Aber auch der erwachsene Hund braucht eine Mineralstoffergänzung, weil selbst zubereitetes Futter nicht alle Stoffe in ausreichender Menge enthält. Speziell für den Bedarf des Hundes zusammengestellte Mittel sind besser und billiger als Kalktabletten für Menschen.

Fertig zum Spazierengehen.

84

Knochen enthalten Mineralstoffe, sind aber schwer verdaulich und können hartnäckige Verstopfungen verursachen. Ihr Wert liegt vor allem in der Gebißpflege und der »Gymnastik« für die Kaumuskulatur. In Maßen können daher Hunde mit gesunden Zähnen Kalbs- oder Rinderknochen erhalten. Hundekuchen oder Kauknochen aus Büffelhaut erfüllen allerdings den gleichen Zweck. Ältere Tiere mit Verdauungsproblemen oder Zahnkrankheiten müssen auf Knochen verzichten. Harte Röhrenknochen, vor allem vom Geflügel, können splittern und Darmverletzungen verursachen. Kotelettknochen können in der Speiseröhre steckenbleiben. Sie gehören in den Mülleimer.

Fastentage müssen wildlebende Fleischfresser oft einlegen. Für Hunde mit Übergewicht ist ein Fastentag in der Woche ein probates Mittel zum Abnehmen. An den übrigen Tagen darf er sich einmal täglich sattfressen. Seine fettarme Fleischgrundlage wird allerdings mit nährstoffarmer Lunge gestreckt und statt der Flocken erhält er Weizenkleie und Rohkost. Einfacher, aber teurer, ist ein Diät-Fertigfutter, das über Tierärzte bezogen werden kann.

Wasser, immer frisch und sauber, nie eiskalt, muß dem Hund ständig zur Verfügung stehen. Ein gesunder Hund trinkt zwar bei normal feuchtem Futter kaum, muß aber doch bei Hitze, nach Anstrengungen oder zu bestimmtem Futter seinen Durst löschen können. Ständig stark vermehrter Durst ohne erkennbaren Grund ist ein Krankheitszeichen.

Patentrezepte

Fragt man zehn Hundeexperten, erhält man sicher wenigstens neun »bewährte für diese Rasse einzig richtige« Ernährungsanleitungen, von denen acht völlig richtig sind. Trotz aller Erfahrung und wissenschaftlicher Akribie gibt es gottlob viele Möglichkeiten, seinen Hund artgemäß und ausreichend zu ernähren. Man muß nur die angeführten Ernährungsregeln mit etwas Verständnis beachten – sei es mit Fertigfutter, sei es mit einem eigenen, auf Haushalt, Hund und Geldbeutel abgestellten Spezialrezept, sei es auch mit beidem.

Die Autorin gibt zur Fütterung des Basset Hound folgende praktische Hinweise auf Seite 59.

Gesundheit

Vorbeugen ist besser als Heilen

Artgerechte Haltung, Pflege und Ernährung sind Voraussetzungen für die Gesundheit. Das seelische Wohlbefinden des Hundes ist so wichtig wie das körperliche. Der gesunde Hund nimmt aufmerksam und lebhaft Anteil an seiner Umgebung. Er ist kräftig und ausdauernd. In der Ruhe atmet er 10 bis 20 mal, das Herz schlägt 70- bis 100mal in der Minute. Die Körpertemperatur liegt um 38,5° C. Gesundheit ist nicht nur »Freisein von Krankheiten«, sie schließt auch Widerstandskraft gegen Infektionen ein.

Das Haarkleid schützt nicht nur gegen Wind und Wetter. Ein glattes, glänzendes, dicht anliegendes Deckhaar ist auch Zeichen von Gesundheit (siehe Seite 65).

Stumpfes Haar, ständiger Haarausfall und starker Geruch deuten auf innere Erkrankungen hin. Die Haut soll frei von Schuppen und Rötungen sein, kein Juckreiz soll den Hund plagen.

Flöhe, Läuse und Haarlinge kann auch der gepflegteste Hund von einer Hundebegegnung mitbringen. Bei Juckreiz wird als erstes die Haut auf Flohstiche – bis zu linsengroße, geschwollene Rötungen – und das Fell auf Parasitenkot – kleine schwarze Pünktchen – abgesucht. Lieblingssitze der ungebetenen Gäste sind die Innenflächen der Hinterbeine, die »Achselhöhlen« und die Ohrmuscheln. Bei leichtem Befall genügt ein Flohpuder oder -spray. Wirksamer sind Waschlösungen, die das Fell bis auf die Haut benetzen. Das Ablecken dieser Mittel muß verhindert werden. Sie können Vergiftungen auslösen. »Anti-Floh-Halsbänder« geben bis zu drei Monaten einen Insekten tötenden Wirkstoff ab. In engen Räumen wie Hundehütten können bei einigen Halsbändern Giftgaskonzentrationen auftreten, die auch für den Hund bedenklich sind. Die »Dauerbehandlung« mit einem Halsband ist nur bei besonders empfänglichen und gefährdeten Hunden erforderlich.

Zecken lassen sich aus dem Gebüsch auf den Hund fallen, beißen sich in der Haut fest und saugen sich mit Blut voll. Sie sehen dann wie prallgefüllte graubraune bis zu kirschkerngroße Säckchen aus. Zecken dürfen nicht einfach ausgerissen werden. Dabei können die Beißwerkzeuge in der Haut steckenbleiben und zu Entzündungen führen. Man betäubt die Zecke mit Alkohol oder hüllt sie mit Öl ein und wartet etwa zehn Minuten. Am sichersten wirkt ein Spraystoß mit einem insektiziden »Desinsektspray«. Die Zecke wird vorsichtig aus der Haut herausgedreht.

Die Ohren sollten alle vier Wochen gereinigt werden (siehe Seite 67).

Die Augen werden mit einem Stückchen Mullbinde oder einem Taschentuch vom »Schlaf« gereinigt. Fusseln von Watte oder Papiertaschentüchern reizen die Schleimhäute. Bindehautentzündungen können auch durch Zugluft, Staub oder starke Sonne verursacht werden. Besonders anfällig sind Hunde, deren Augenlider dem Augapfel nicht eng anliegen. Zur Linderung werden Augentropfen in den heruntergezogenen Bindehautsack geträufelt. Borwasser wird heute nicht mehr verwendet, weil feine Kristalle als Fremdkörper wirken können. Länger andauernder wässriger, schleimiger oder eitriger Augenausfluß sollte nicht mit Hausmitteln kuriert werden. Es könnte eine Infektion vorliegen. Wucherungen auf der Rückseite der Nickhaut müssen meist operativ behandelt werden.

Die Zähne werden durch Hundekuchen oder Knochen ausreichend gereinigt. Auch die Tortur des Zähneputzens kann Zahnstein nicht verhindern. Zur Entfernung weicher Beläge eignet sich am ehesten ein Wattebausch, getränkt mit dreiprozentiger Wasserstoffsuperoxydlösung. Zahnstein ist ein fest anhaftender brauner Belag aus verhärteten Salzen. Fauliger Mundgeruch durch Zahnfleischentzündungen und -vereiterungen sowie Zahnausfall sind die Folgen. Zahnstein sollte frühzeitig fachkundig entfernt werden. Lose Zähne müssen gezogen werden. Da der Hund keine Beute jagen, festhalten oder zerreißen muß, kann er auf schmerzende Zähne gut verzichten. Nach Entfernung der Eiterherde wird er sich auch allgemein wohler fühlen, denn sie können den Körper vergiften und zum Beispiel chronische Herzklappenentzündungen auslösen. Auch Milchhakenzähne, die beim Zahnwechsel nicht ausfallen, müssen gezogen werden. Sie können zu Stellungsfehlern im bleibenden Gebiß führen.

Die Analbeutel sollen eigentlich bei jedem Kotabsatz eine individuelle Duftmarke zur Revierkennzeichnung hinterlassen. Infolge der Domestikation funktioniert die Entleerung häufig nicht richtig. Sekretstauungen sind die Folge; Den Juckreiz versucht der Hund vergeblich durch Rutschen auf dem After zu beseitigen. Dieses »Schlittenfahren« ist entgegen landläufiger Vermutung fast nie auf Wurmbefall zurückzuführen. Stark gefüllte Analbeutel müssen fachkundig ausgedrückt, vereiterte müssen tierärztlich behandelt werden.

Die Krallen werden bei normalem Auslauf ausreichend abgelaufen. Nur bei krankhaftem Hornwachstum, Stellungsfehlern oder ständigem Laufen auf zu weichem Boden müssen sie geschnitten werden. Dabei soll die in der Kralle verlaufende Ader nicht verletzt werden. »Wolfskrallen«, Überbleibsel der an sich verkümmerten fünften Zehe an den Hinterläufen, können bei Verletzungen stark bluten. Sie sollten vorsorglich amputiert werden. Das geschieht üblicherweise schon bei neugeborenen Welpen.

Erste Hilfe tut not

Hautverletzungen müssen genau inspiziert werden. Oberflächliche Abschürfungen, Schrunden und Einschnitte können mit Hausmitteln behandelt werden. Auf jeden Fall werden im Bereich der Verletzungen die Haare mit einer gebogenen Schere kurz abgeschnitten. Sie verkleben sonst mit dem Wundsekret; Vereiterung ist die Folge. Die Wunde wird mit Wundgel, -spray oder -tinktur behandelt. Fetthaltige Salben behindern den heilungsfördernden Luftzutritt, Puder verkrustet.

Bei tieferen Wunden mit Durchtrennung der Haut sollte umgehend ein Tierarzt zugezogen werden. Bei Beißereien und Stacheldrahtverletzungen wird die Haut oft vom Körper losgerissen, so daß tiefe Taschen entstehen. Haare und Schmutz in der Tiefe der Wunden müssen so weit wie möglich entfernt werden. Von Fall zu Fall ist zu prüfen, ob eine »offene Wundbehandlung« oder eine Naht besser ist. Nur frische Wunden können mit Aussicht auf komplikationslose Heilung genäht werden.

Eine offene, aus der Tiefe nässende oder eiternde Wunde darf der Hund belecken. In allen anderen Fällen wird die Wundheilung behindert, weil die zarten Heilungszellen am Wundrand gestört werden. Das Belecken von Wunden und das Abreißen von Verbänden können durch einen Halskragen verhindert werden. Aus einem passenden Plastikeimer wird der Boden herausgeschnitten. Die Schnittkanten werden abgepolstert, an vier Stellen durchlöchert und mit Bindfäden versehen, die am Lederhalsband festgebunden werden.

Wundstarrkrampf ist beim Hund selten. Impfungen sind daher nicht üblich. Zur Vorbeuge sollen Wunden ausbluten und nicht luftdicht abgedeckt werden. Wenn größere Adern verletzt sind, kommt es zu andauernden, starken Blutungen. Häufig tritt Blut im Strahl aus. Dann muß zur ersten Hilfe ein Druckverband angelegt werden. An ungünstigen Körperstellen wie am Kopf kann auch von Hand eine Kompresse aufgedrückt werden. Gliedmaßen können abgebunden werden, die Abbindung muß aber viertelstündlich kurz gelöst werden. In solchen Fällen ist stets umgehend tierärztliche Hilfe erforderlich.

Unfälle können auch zu inneren Verletzungen und Gehirnerschütterungen führen. Bei Bewußtseinstrübungen soll nie Flüssigkeit eingeflößt werden. Die Maulschleimhaut kann aber mit Kaffee, Tee oder auch einfach mit Wasser befeuchtet werden. Der Hund wird seitlich mit tiefliegendem Kopf und herausgezogener Zunge auf einer Decke gelagert, die, von zwei Personen an den Ecken stramm gezogen, auch als »Tragbahre« dient. Am Unfallort sind meistens die Diagnose und vor allem eine wirksame Schockbehandlung erschwert. Telefonisch sollte zur Vermeidung unnötiger Wege und Zeiten ein dienstbereiter Tierarzt verständigt und umgehend aufgesucht werden.

Lahmheiten können viele Ursachen haben. Als erstes wird die Pfote untersucht. Dornen oder Splitter werden ausgezogen. Verfilzte Haare drücken zwischen den Ballen wie ein Stein im Schuh; sie werden daher vorsichtig ausgeschnitten. Wunde Stellen werden wie Hautverletzungen behandelt. Im Winter müssen Streusalzreste von den Pfoten abgewaschen werden. Bei Krallenbettentzündungen können warme Kamillen- oder Seifenbäder Linderung bringen. Lose Krallenteile werden an der Bruchstelle beherzt abgeschnitten. In vielen Fällen ist ein Verband erforderlich. Er muß fachkundig angelegt werden, um Druckstellen zu vermeiden. Bei Schwellungen, Prellungen und Verstauchungen kann das Fell des betroffenen Körperteils mehrmals täglich mit kaltem Wasser durchnäßt werden. Das wirkt wie ein Kühlverband, lindert den Schmerz und hemmt – frühzeitig angewendet – weitere Schwellungen. Wenn ein Bein überhaupt nicht belastet wird, besteht Verdacht auf Knochenbruch. Bei stark abnormer Beweglichkeit können die Gliedmaße durch eine Notschiene ruhiggestellt werden. Ein feuchtes Tuch, zwei ausreichend lange Stöcke und Binden oder Leukoplast genügen für's Erste. Die benachbarten Gelenke müssen mit fixiert werden.

Andauernde, wiederkehrende oder sich verschlimmernde Bewegungsstörungen sind stets ein Fall für den Tierarzt. Bei Junghunden können schmerzhafte Knochenauftreibungen oder Ablösungen des Ellenbogenhöckers zu Lahmheiten führen. Ältere Hunde leiden oft unter chronischen Gelenkentzündungen. Die Hüftgelenksdysplasie (HD) ist erblich veranlagt: Eine Abflachung der Gelenkpfanne begünstigt Arthrosen und Verrenkungen. Im Alter können auch die Rückenmarkshäute verknöchern. Dadurch werden die Nerven eingeklemmt. Zunehmende Nachhandschwäche bis hin zur Lähmung ist die Folge. Relativ oft wird das Humpeln auf einem Hinterbein durch eine Ausrenkung der Kniescheibe bedingt, die operativ fixiert werden muß.

Vergiftungen sind meist »Unglücksfälle« und nur selten böse Absicht. Die besten Überlebenschancen bestehen, wenn man die Giftaufnahme beobachten oder rekonstruieren kann. Dann muß man versuchen, das Gift aus dem Magen wieder herauszubefördern, bevor es in den Körper übergehen kann. Der Tierarzt kann Erbrechen durch eine Injektion auslösen, der Laie durch Eingabe von zwei bis drei Teelöffeln Salz. Nach dem Erbrechen wird Wasser mit sechs bis zwölf Kohlekompretten eingeflößt, aber keine Milch, weil verschiedene Gifte fettlöslich sind. Packung, Beizettel und Erbrochenes werden mit zum Tierarzt genommen, um frühzeitig eine gezielte Behandlung zu gewährleisten. Giftig sind Rattengift – am häufigsten Cumarin, seltener Thallium, Zinkphosphid und Arsen –, Schädlingsbekämpfungsmittel wie E 605 oder Castrix Giftkörner, das Schneckenbekämpfungsmittel Meta-Hart-Spiritus und Frostschutzmittel, ganz zu schweigen von Blausäure und Strychnin, die heute jedoch kaum noch erhältlich sind.

Plötzliches Erbrechen, Durchfall, Krämpfe und zunehmende Mattigkeit begründen einen Vergiftungsverdacht. Eine genaue Diagnose ist häufig aber erst durch die Spätschäden wie Blutungen oder Haarausfall möglich. Dann kann es für eine Rettung des Hundes bereits zu spät sein. **Durchfall** ohne Fieber ist häufig durch einen Fastentag zu bessern. Der Hund erhält ausschließlich verdünnten Tee mit einer Prise Salz, aber ohne Zucker. Stattdessen ist Süßstoff zur Geschmacksverbesserung erlaubt. Keinesfalls darf Durchfall durch Wasserentzug »behandelt« werden; der Körper würde zu stark austrocknen. Kohlekompretten sind nie verkehrt, Mexaform und ähnliche Mittel sind für Hunde giftig! Am zweiten Tag erhält der Hund in kleinen Portionen ein Diätfutter, zum Beispiel Beefsteakhack, Schmelzflocken und roher, geriebener Apfel. Am dritten Tag muß der Durchfall deutlich gebessert sein.

Verstopfungen lassen sich durch rohe Leber oder Milz oder durch drei bis fünf Teelöffel zehnprozentiger Dosenmilch häufig bessern.

Erbrechen ist keine selbständige Krankheit. Einmaliges Erbrechen kann durch zu hastiges Fressen, zu kaltes Futter oder Aufnahme von Fremdkörpern ausgelöst werden. Gelegentliches Erbrechen ist beim Hund ohne große Bedeutung. Um zu Erbrechen frißt der Hund häufig Gras. Geschieht dies regelmäßig oder wird ständig das Futter erbrochen, muß ein Tierarzt zugezogen werden. Auch Durchfall und Erbrechen mit Fieber sind kein Fall für Hausmittel.

Alarmzeichen

Fieber ist eine Abwehrreaktion des Körpers, meist auf Infektionen. Die Hundenase kann auch beim kranken Hund feucht und kühl sein. Die Temperatur muß mit einem Fieberthermometer fünf Minuten im Mastdarm gemessen werden. Sie darf nicht über 39° C liegen. Untertemperaturen unter 37,5° C entstehen infolge einer Reduzierung der Stoffwechselvorgänge häufig vor dem Tod.

Erkältungen wie beim Menschen treten beim Hund selten auf. Sie sind kein Fall für die Hausapotheke. Würgender Husten, als ob ein Knochen im Hals säße, tritt bei Mandelentzündungen auf. Ernstere Infektionen wie Zwingerhusten oder gar Staupe können vorliegen. Pumpende Atmung entsteht durch eine Lungenentzündung, aber auch durch Wasseransammlung in der Lunge, zum Beispiel infolge von Vergiftungen. Bei alten Hunden kann der damit verbundene Husten auch auf eine Herzschwäche zurückzuführen sein. Bauchpressen und Aufblasen der Bakken sind Zeichen höchster Atemnot.

Scheinschwangerschaft tritt bei manchen Hündinnen etwa acht Wochen nach der Läufigkeit auf. Sie sind unruhig, »bemuttern« irgendwelche Gegenstände, fressen schlecht und erbrechen gelegentlich. Das Gesäuge schwillt, Milch bildet sich. Abhilfe schafft häufig wenig Fressen und Trinken bei viel Bewegung und Beschäftigung. Das Gesäuge kann mehrmals täglich mit kaltem Wasser befeuchtet werden, um Schwellung und Milchproduktion zu hemmen. Keineswegs soll die Milch ausgedrückt werden. Damit würde nur die weitere Milchbildung angeregt. Bei sehr starker Gesäugeschwellung und trotz Hausmitteln nicht nachlassenden Erscheinungen muß der Tierarzt verständigt werden.

Insektenstiche, vor allem durch das Schnappen nach Wespen und Bienen verursacht, können schnell zu erheblichen Schwellungen am Kopf oder noch schlimmer im Rachen führen. Äußerliche Kühlung mit Eiswürfeln und eine Tablette gegen Allergie – falls zur Hand – ersparen oft nicht die möglichst rasche tierärztliche Behandlung.

Schleimhäute im Auge und im Fang geben Hinweis auf innere Erkrankungen: Blässe deutet auf Blutarmut hin, Gelbfärbung auf Leberschäden mit Gelbsucht, Blutungen auf schwere Infektionen oder Vergiftungen, eine bläuliche Färbung tritt bei Herz- und Kreislaufschwäche auf.

Kot und Urin mit Blutbeimengungen lassen schwerwiegende krankhafte Veränderungen erkennen. Bei Blutungen im Magen und in den vorde-

Drei gut erzogene Basset Hounds.

92

ren Darmabschnitten kann der Stuhl durch das verdaute Blut pechschwarz aussehen. Nierenerkrankungen können auch mit erhöhtem Durst verbunden sein. Wenn Mattigkeit und Mundgeruch hinzukommen, ist meist bereits eine Harnvergiftung eingetreten. Harnsteine, Blasenriß oder Vergiftungen können dazu führen, daß überhaupt kein Urin mehr abgesetzt wird; dann besteht höchste Gefahr. Geschwülste, Prostatavergrößerungen und Mastdarmveränderungen erschweren den Kotabsatz. Verhärtete Knochenteile können den Enddarm völlig verstopfen. Erbrechen und zunehmende Mattigkeit bei fehlendem Kotabsatz sprechen für einen Darmverschluß oder einen Fremdkörper im Darm.

Speicheln wird im harmlosesten Fall durch Fremdkörper in der Maulhöhle oder durch lose Zähne verursacht, bedenklicher wäre eine E 605-Vergiftung oder Pseudowut, schlimmstenfalls ist an Tollwut zu denken.

Umfangsvermehrungen des Bauches bei sonst normalem Ernährungszustand oder zunehmende Abmagerung können durch Tumore oder Bauchhöhlenwasser hervorgerufen werden. Bei einer Gebärmuttervereiterung besteht gleichzeitig fast immer starker Durst, gelegentlich auch Scheidenausfluß. Eine plötzliche Aufblähung des Bauches mit Kolik und Kreislaufschwäche, bedingt durch eine Magendrehung, erfordert unverzügliche Operation. Eine Entzündung der Kaumuskeln mit Schwellung und Verhärtung, sowie hervortretenden Augäpfeln muß sofort tierärztlich behandelt werden.

Infektionen bedrohen die Gesundheit

Staupe und ansteckende Leberentzündung (Hepatitis) sind Viruskrankheiten, die für Junghunde besonders gefährlich sind, aber auch ältere Hunde befallen. Staupe beginnt mit einem häufig kaum merkbaren, kurzen Fieber, dem nach etwa acht Tagen eine schwere Lungenentzündung mit eitrigem Augen- und Nasenausfluß oder ein Durchfall folgt. Eine besondere Verlaufsform ist mit einer Verhärtung der Ballen verbunden. Nach scheinbarer Besserung treten nervöse Erscheinungen bis hin zu Krämpfen auf, die meistens zum Tod führen. Nach überstandener Staupe bleibt häufig ein nervöses Zucken der Kopfmuskeln, der »Staupetik«, nach Erkrankungen im Junghundalter das »Staupegebiß« mit erheblichen Zahnschmelzdefekten zurück.

93

Die ansteckende Leberentzündung verläuft ähnlich, mit hohem Fieber, Apathie und Appetitlosigkeit. Hornhauttrübungen können bleibende Folgeschäden sein.

Stuttgarter Hundeseuche (Leptospirose) wird durch Bakterien verursacht und von Hund zu Hund übertragen. Sie beginnt häufig mit einer Schwäche in den Hinterbeinen. Geschwüre im Maul, Magen und Darm sind mit aasartig-faulem Maulgeruch und blutigem Durchfall verbunden.

Tollwut tritt bei Hunden nur noch selten auf. Die Seuche wird vor allem durch Füchse übertragen. Hinweisschilder warnen in gefährdeten Gebieten vor Tollwut. Die Krankheit ist besonders tückisch: Die typischen Wuterscheinungen mit heiserem Gebell, Wasserscheue, Unruhe und unmotivierter Beißwut fehlen häufig. Die »stille Wut« ist im Anfangsstadium schwer zu erkennen. Ein erkranktes Tier stirbt immer.

Parvovirose ist bei uns erst in den letzten Jahren aufgetreten. Der Erreger ähnelt dem Katzenseuchevirus. Die Seuche wurde zunächst auf Ausstellungen verbreitet. Die Ansteckung erfolgt über die Ausscheidungen von Hund zu Hund. Bei Welpen tritt plötzlicher Herztod auf, ältere Hunde sterben nach unstillbarem blutigem Durchfall und Erbrechen.

Impfungen schützen vor diesen Infektionskrankheiten

Welpen in gefährdeten Zuchten oder ungeimpfte Hunde mit verdächtigen Krankheitserscheinungen können mit einem Serum behandelt werden, das fertige spezifische Abwehrstoffe enthält. Diese »passive Immunisierung« schützt aber nur für zwei bis drei Wochen. Der Käufer eines Hundes sollte den Impfpaß daraufhin genau prüfen.

Länger dauernden Schutz vermittelt nur die »aktive« Schutzimpfung. Dabei werden abgeschwächte oder abgetötete Infektionserreger eingeimpft. Der Körper reagiert darauf mit der Bildung eigener Abwehrstoffe. Bei den heute üblichen Kombinationsstoffen kennzeichnen die Buchstaben S, H, L, T und P die Wirksamkeit gegen die in Frage kommenden Seuchen (Staupe, Hepatitis, Leptospirose, Tollwut und Parvovirose). Welpen werden mit sieben bis acht Wochen das erste Mal geimpft und müssen dann mit zwölf Wochen nachgeimpft werden.

Bei älteren Hunden genügt eine einmalige Grundimmunisierung. Der einmal gebildete Impfschutz baut sich im Laufe der Zeit ab. Kommt der Hund mit betreffenden Seuchenerregern in Berührung, so wird die Antikörperbildung aufgefrischt. Ist der Impfschutz aber bereis zu stark abgesunken, kann der Hund erkranken. Deshalb sind Auffrischungsimpfungen alle zwei Jahre gegen Staupe und Hepatitis erforderlich, gegen Leptospirose, Parvovirose und Tollwut jährlich.

Ein sicherer Impfschutz des Hundes ist auch für den Menschen wichtig. Erkrankte Hunde können Leptospiren übertragen, die beim Menschen das »Canicola Fieber« oder die »Weil'sche Krankheit« hervorrufen. Hundetollwut ist wegen des engen Kontaktes für Menschen viel gefährlicher als Wildtollwut. Geimpfte Hunde übertragen keine Tollwut. Nach einem Kontakt mit verdächtigem Wild brauchen sie deshalb auch nicht getötet zu werden, wie dies für ungeimpfte Hunde gesetzlich vorgeschrieben ist. Schließlich können sie auf Auslandsreisen mitgenommen werden.

Gegen andere Infektionen schützt Vorsicht

Toxoplasmose wird durch einzellige Schmarotzer hervorgerufen. Ihr Stammwirt ist die Katze. Bei anderen Tieren werden ansteckungsfähige Dauerformen gebildet. Hunde erkranken überwiegend durch infiziertes Schweinefleisch. Für die Ansteckung des Menschen wurden sie früher zu Unrecht verantwortlich gemacht.

Aujeszky'sche Krankheit wird ebenfalls durch Schweinefleisch übertragen. Unstillbarer Juckreiz, Unruhe, Ängstlichkeit und Speichelfluß haben gewisse Ähnlichkeit mit Tollwut. Die Krankheit wird daher auch »Pseudowut« genannt. Durch Verfütterung von gekochtem Schweinefleisch oder Fertigfutter sind beide Infektionskrankheiten zu verhüten.

Zwingerhusten tritt vor allem in Tierheimen und Hundehandlungen auf. Unter begünstigenden Umständen lösen Viren und Bakterien gemeinsam Entzündungen von Luftröhre und Bronchien aus. Kennzeichnend ist ein kurzer, trockener Husten. Sekundärinfektionen können den Krankheitsverlauf verschlimmern. Ein Impfschutz ist nach neuesten Erkenntnissen möglich. Der Tierarzt wird Sie gern beraten. Einen gesunden Hund kauft man mit größerer Wahrscheinlichkeit beim Züchter. Während des Urlaubs sollte man seinen Hund nicht in unbekannte Heime oder Pensionen geben.

Wurmkuren gegen unerwünschte Kostgänger

Spulwürmer können bei Junghunden zu Verdauungs- und Entwicklungsstörungen, zu Vergiftungserscheinungen und sogar zum Tod führen. Fast alle Welpen werden im Mutterleib mit Spulwürmern infiziert. Die ersten Wurmkuren soll schon der Züchter durchführen. Junghunde werden vierteljährlich entwurmt. Ältere Hunde beherbergen nur noch einzelne Würmer. Sie richten zwar keinen großen Schaden an, sind aber eine ständige Infektionsquelle. Einmal jährlich sollte daher vorsorglich ein Wurmmittel verabreicht werden. Bei festgestelltem Wurmbefall ist eine sofortige Entwurmung mit einer Wiederholungsbehandlung nach zwei bis drei Wochen erforderlich. Rohe Möhren garantieren keine Wurmfreiheit. Wirksame und verträgliche Mittel sind verschreibungspflichtig. Sie wirken auch gegen andere Rundwurmarten, zum Beispiel gegen Hakenwürmer.
Spulwürmer sind auf ihre Wirtstierarten spezialisiert; wenn der Mensch Hundespulwurmeier aufnimmt, schlüpfen zwar Larven und beginnen ihre Wanderung im Körper, sie bleiben jedoch in Organen oder Muskeln stecken und können dort schmerzhafte Entzündungen verursachen. Besonders gefährdet sind »Krabbelkinder«. Wurmkuren dienen daher auch dem Gesundheitsschutz der Familie. Auf Kinderspielplätzen haben Hunde nichts zu suchen.

Bandwürmer brauchen für ihre Entwicklung stets einen Zwischenwirt. Für den Hundebandwurm ist dies der Floh. Er nimmt die Wurmeier auf, aus denen sich eine Finne entwickelt. Der Hund »knackt« den Floh – die Finne wächst im Hundedarm zum fertigen Bandwurm aus. Mit dem Kot erscheinen nach geraumer Zeit einzelne kürbisförmige, anfangs noch bewegliche Bandwurmglieder oder ein längeres, deutlich gegliedertes Wurmende. Die meisten Spulwurmmittel sind gegen Bandwürmer unwirksam. Heute gibt es aber gut verträgliche und sicher wirkende Bandwurm-

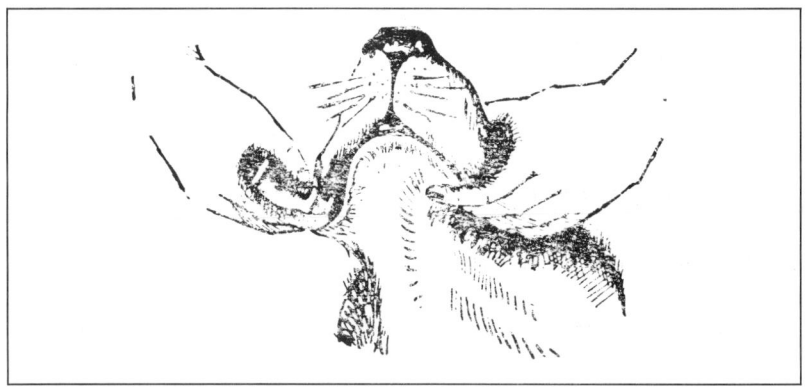

Eingeben von Arzneien.

mittel. Zur Bandwurmkur gehört stets eine Flohbehandlung von Hund und Lager.

Besonders bei Jagdhunden kann auch der »gesägte Bandwurm« auftreten, dessen Zwischenwirte Hasen und Kaninchen sind. Andere Bandwurmarten, die durch Fisch oder Wild, Rinder- oder Schafeingeweide übertragen werden, kommen seltener vor. Dazu zählt der »dreigliedrige Bandwurm«, der als einziger auch dem Menschen gefährlich werden kann. Der Hund sollte zur Vorbeuge keine rohen »Konfiskat«-Innereien erhalten und daran gehindert werden, Kadaver von Wildtieren aufzufressen.

Kleine Hausapotheke für den Hund

Zur Pflege und zur Ersten Hilfe sollten einige Instrumente und Medikamente bereitgehalten werden. Sie sind kindersicher, kühl und trocken aufzubewahren. Wenn unser Hund zu Reisekrankheit neigt, unter Rheuma leidet und häufiger bestimmte andere Wehwehchen hat, werden die tierärztlich verordneten Medikamente vorrätig gehalten, um auf bewährte Weise rasch helfen zu können. Vitamin- und Mineralstoffpräparate werden dort aufbewahrt, wo sie gebraucht werden: in der »Futterküche«. 97

Zehn Tips für den Besuch beim Tierarzt

1 Nach Möglichkeit sollte der Hund in der Praxis des Tierarztes vorgestellt werden. Dort kann eine Erkrankung besser erkannt und behandelt werden.

2 Bei Verdacht auf ansteckende Krankheiten lassen Sie sich aber vom Tierarzt einen Sondertermin geben oder bitten Sie ihn um einen Hausbesuch, um andere Hunde im Wartezimmer nicht anzustecken.

3 Mit einem unruhigen Hund wartet man besser im Auto bis man an der Reihe ist.

4 Der Hund muß systematisch dazu erzogen werden, sich untersuchen zu lassen. Manipulationen an den Ohren, Öffnen des Fanges und Fiebermessen können geübt werden! Auf dem Untersuchungstisch muß der Hund beruhigt werden. Dazu müssen Sie selbst ruhig bleiben, erforderlichenfalls aber auch energisch werden.

5 Der Hund kann nicht sprechen. Daher müssen Sie Krankheitserscheinungen und -dauer genau schildern. Das erleichtert dem Tierarzt die Diagnose.

6 Bei Verdauungsstörungen ist die Beschaffenheit des Kotes genau zu beschreiben. Es ist nie verkehrt, eine Kotprobe, abgegangene Würmer oder Fremdkörper mitzunehmen.

7 Bei Verdacht auf innere Erkrankungen kann vorsorglich auch eine in einem sauberen Gefäß aufgefangene Harnprobe mitgenommen werden.

8 Bringen Sie auch den Impfpaß mit!

9 Notieren Sie die Behandlungsanweisungen; erfahrungsgemäß wird vieles nach der Aufregung des Tierarztbesuches leicht vergessen oder verwechselt.

10 Denken Sie auch an den Stolz der Dame des Tierarzthauses: Verwehren Sie Ihrem Rüden das Beinheben an den Ziersträuchern im Vorgarten nach Verlassen der Praxis.

Basset Hound-Pension

Gefahren für die menschliche Gesundheit?

Impfungen und Wurmkuren schränken Ansteckungsgefahren ein. Hygiene tut ein Übriges: Selbstverständlich hat der Hund sein eigenes Lager und Futtergeschirr; beides ist peinlich sauber. Rasen und Wege werden von Hundekot freigehalten. Der Hund wird so erzogen, daß er das Gesicht nicht ableckt. Das Belecken der Hände ist Ausdruck seiner Zuneigung. Man darf sie dulden, denn man kann sich die Hände anschließend waschen. Vorsichtige können Lager, Hütte und andere hygienegefährdete Stellen und Gegenstände regelmäßig desinfizieren. Die Mittel sollen gegen Viren, Bakterien und Pilze wirken. Zur Schnelldesinfektion eignet sich ein »Desinsektspray«, der auch Ektoparasiten abtötet. Besonders angezeigt sind solche Maßnahmen, wenn der Hund eiternde Wunden, Ekzeme, Furunkel oder eine Vorhaut-, Zahnfleisch- oder Mandelentzündung hat. Diese Infektionen sind konsequent zu behandeln. Eitererreger können auch beim Menschen Komplikationen verursachen. Vorsicht ist stets bei schlecht heilenden oder sich ausbreitenden Ekzemen geboten: Räudemilben sind zwar auf Tierarten »spezialisiert«, können jedoch auch beim Menschen juckende Hautrötungen verursachen. Hautpilzinfektionen sind auf Menschen übertragbar. Daher sollte man umgehend

99

eine Spezialuntersuchung und Behandlung veranlassen. Pilzinfektionen entstehen nur, wenn sich die Erreger länger als 12 bis 24 Stunden auf der menschlichen Haut einnisten können. Gründliches Waschen bannt die Gefahr. Zusätzliche Sicherheit bietet ein Handdesinfektionsmittel, das nach Berührung verdächtiger Stellen oder Ausscheidungen in die Hände eingerieben wird.

Allergien sind auch durch größte Sauberkeit nicht immer zu vermeiden. Einige Menschen reagieren bei Kontakt mit Tierhaaren und -hautteilen mit Ausschlägen oder Atembeschwerden. Katzen, Meerschweinchen und Vögel sind viel öfter als Hunde die Auslöser; viele andere pflanzliche und tierische Stoffe kommen hinzu. Die Allergieursache kann von einem Hautarzt durch Spezialtests auf der Haut ermittelt werden. Auf Verdacht braucht also kein Hund abgeschafft zu werden. Und vor der Anschaffung eines Basset Hound brauchen auch gesundheitsbewußte Hundefreunde nicht zurückzuschrecken.

Der alte Hound braucht viel Ruhe.

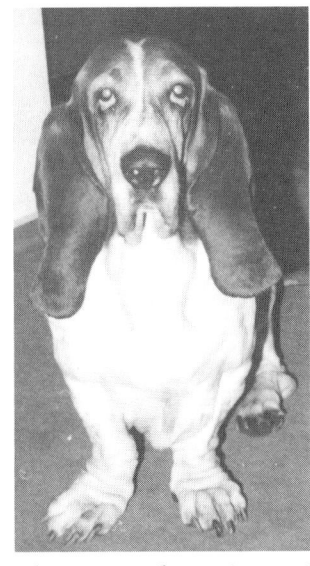

Angegraut, aber weiser und ausgeglichener.

Der alte Hund

... ist der »beste Hund«... Trotz manchem Unverständnis im Zusammenleben zwischen Mensch und Hund blieb er bis zum letzten Atemzug dem Menschen treu ergeben.

Berühmte Leute und Künstler haben dem Hund ein Denkmal gesetzt, ihn sogar weit über den Menschen erhoben.

Mark Twain sagte: »In den Himmel kommt man aus Gnade; wenn es nach Verdienst ginge, käme der Hund hinein und der Mensch bliebe draußen...«

Als Bismarcks Dogge Freya starb, seine Lieblings-Hündin, dachte der Eiserne Kanzler: »Gibt es einen Himmel, so ist er auch für die Tiere da, ich hoffe zuversichtlich, im Himmel meinen Hunden wieder zu begegnen...«

Und eine alte, einsame Dame äußerte sich nach dem Tod ihres kleinen Hundes so: »Mein kleiner braver Hund war ja schon zu Lebzeiten immer sehr verständig, nun war er schon recht alt. Er hat sich wie immer abends in sein Körbchen gelegt, die Augen geschlossen und ist nicht wieder aufgewacht...«

Die Basset-Hündin »Queenie Gräfin von Itzenplitz«, die zu den ersten Bassets in Deutschland zählte, erreichte ein Lebensalter von »fünfzehneinhalb« Lebensjahren. Queenie, als amerikanische Basset Hound-Hündin geboren, kam im Alter von zehn Wochen zu einer deutschen, in Amerika lebenden glücklichen Familie, gedieh dort prächtig und hatte sogar einmal einen Wurf von »elf« Welpen. Berühmte Nachkommen der Queenie setzten die Zucht in Deutschland fort. Als die geliebte Queenie, im fortgeschrittenen Alter auch zärtlich Queenchen und Puppe genannt, nach einem noch mit 15 ½ Jahren begehrten Spaziergang und Spiel in der folgenden Nacht Herrchen und Frauchen weckte, war es ihre letzte Bitte, ein Blick und ein Streicheln. Der schnell herbeigerufene Tierarzt stellte die Diagnose: Schlaganfall mit rechtsseitiger vollkommener Lähmung, er hätte mit Hilfe der modernen Therapiemethoden sicher noch eine kurze Zeit den Wettlauf mit dem Tode gewinnen können, aber unter welchen Umständen? Das Leben der Queenie wäre für die Zukunft nur noch eine Qual gewesen, nicht mehr Spazierengehen, nicht mehr spielen können und eventuell zeigen sich merkbare Charakterveränderungen.

Der schwerste Entschluß kommt auf Herrchen und Frauchen zu, den Hund von seinen Leiden erlösen zu lassen; das ist mit vielen Tränen verbunden, denen man sich nicht zu schämen braucht.

Selbst für den Tierarzt ist die Einschläferung eines Hundes die unangenehmste Aufgabe innerhalb seiner Tätigkeit, da er ja Leben erhalten und schützen soll. Aber inwieweit ist einer leidenden Kreatur damit gedient, wenn diese sich bis zum Siechtum erhalten muß. Der Tierarzt ist dazu in der Lage – und er handelt aus Tierliebe – mit den ihm zur Verfügung stehenden Narkosemitteln sowie im Einklang mit dem Tierschutzgesetz, die Erlösung rasch und ohne Quälerei herbeizuführen.

Bis auf einen geringfügigen Einstich ist diese Form der Tötung mit keinen Schmerzen verbunden. Als Dank für die Treue und Anhänglichkeit muß dem geliebten Hund ein Beistand von Menschen seiner bisherigen Umgebung gewährt werden. Ist es Herrchen oder Frauchen nicht möglich, diesen letzten Weg zum Tierarzt mitzugehen oder dabei zu sein, wenn der Tierarzt ins Haus kommt, so sollte man gute Freunde bitten, die der Hund ebenfalls kannte, ihm bis zur letzten Minute beizustehen.

Eines Tages wird nach dem Trennungsschmerz der Wunsch nach einem Nachfolger nicht ausbleiben. Hat dieser auch nicht die unersetzlichen Vorzüge des Vorgängers, so stellt man nach einiger Zeit des vertrauten Zusammenlebens Eigenschaften fest, die ihn genauso liebenswert machen. Allerdings beginnt eine neue Angst vor der unbekannten Zukunft, denn man möchte seinen Basset Hound über ein langes Leben bei sich behalten, gesund und wohlauf, so breiten sich insgeheim Zweifel aus, ob dieses in allen Punkten, was Sorgfalt und Pflege anbetrifft, gelingt.

Die ersten äußerlichen Altersmerkmale zeigten sich bei unseren Basset-Rüden bereits im sechsten bis siebenten Lebensjahr, sie wurden auf dem Kopf und um die Schnauze herum »grau«-weiß.

Mit acht bis zehn Jahren tritt der Basset Hound in die »Altersperiode« ein. Die Lebenserwartung dieser schwerknochigen, starken Rasse, die ja lediglich nur durch die kurzen Läufe als »kleiner Hund« angesehen wird, ist nicht sehr hoch, statistisch errechnet etwa zehn bis zwölf Lebensjahre. Vom Wesen her ist ein Altern des Basset Hound schwer zu erkennen, da es sich um einen ruhigen und bedächtigen Hund handelt, der gern und viel schläft. Anzeichen des Alterns sind ein Nachlassen der Spielfreudigkeit, er wird »noch phlegmatischer« in seinen Bewegungen; auch die Neigung zum Fettansatz wird stärker, Körperausdünstungen aus diesen und jenen Gründen treten auf, wie auch ein unangenehmer Maulgeruch. Durch Schwinden der Kopfmuskulatur treten die Kopfknochen deutlich hervor und geben besonders dem ausdrucksvollen Basset einen greisenhaften Gesichtsausdruck. Hündinnen, die öfters geworfen haben, zeigen ein tief herabhängendes schlaffes Gesäuge. Durch Körperhaltung, Gang und Wesen, Nachlassen der Sinnesorgane wie Sehen und Hören, lassen erkennen, daß unser Hund nun alt wird und besonderer Schonung bedarf. Man sollte auf die körperlichen und seelischen Veränderungen Rücksicht nehmen und die tägliche Bewegung und Fütterung dem Alterszustand des Hundes anpassen und einmal mehr als sonst den Tierarzt aufsuchen, um die Herz-, Leber- und Nierenfunktionen dem Alter entsprechend behandeln zu lassen. Bei der Hündin müssen der Zyklus und die Beendigung der Läufigkeit ebenfalls vom Arzt überwacht werden. Im Alter entwickelt der Basset Hound eine besondere Zuneigung zu seinem menschlichen Kreis, und man sollte diese erwidern.

Bei einem Vergleich des menschlichen Lebensalters mit dem des Hundes ergeben sich »annähernd« folgende Beziehungen:

☐ Das erste Hundejahr	:	14 Menschenjahre
☐ das zweite Hundejahr	:	7 Menschenjahre
☐ jedes weitere Hundejahr	:	5 Menschenjahre

Demnach ist ein zwölfjähriger Hund	71 Jahre alt.

Dankeschön

Besonderen Dank möchte ich dem Basset Hound-Club – Landesgruppe 5 – Frau Wilma Droemont – aussprechen, die mir die »Fachzeitschrift der Basset Hound-Zucht von 1958 bis 1969« zur Verfügung stellte. Frau Hassi Assenmacher-Feyl – von der Pressestelle und Redaktion des BHC – sowie Frau Hannelore Ullmann, Vorsitzende und LG-Zuchtwart-3 – für den Beitrag, »Jagdtauglichkeit des Basset Hound«, und Herrn und Frau Hakenbeck für den Bericht über »Queenie«. Außerdem einen besonderen Dank an Herrn Dr. Wolfram Heinrich, 1. Vorsitzender und Richter des Vereins für Französische Laufhunde e.V., »Chiens courants de France«, Solingen, der mir auch die Broschüre über die vier französischen Niederlaufhunde-Rassen als Quelle zur Verfügung stellte.

Bildnachweis

Titelbild	Eva-Maria Vogeler, 5204 Lohmar 1
Seite 9	Interessengemeinschaft Deutscher Hundehalter e. V. 2000 Hamburg 36
Seite 16	Wilma Droemont, 5300 Bonn-Bad Godesberg
Seiten 19, 21, 22, 23, 35	Verein für Französische Laufhunde e V.-CCF, 5650 Solingen-Widdert
Seiten 30, 68, 92	Margit und Don Johansen, Bastetorphus/DK
Seite 39	Basset Hound-Club von Deutschland 5000 Köln 41
Seite 46	Rolf Hinz, 2000 Wedel/Holstein
Seite 52	Wolfram M. Greiner, 8130 Starnberg
Seite 61	Marion Goos, 6622 Wadgassen
Seite 72	Georg Johnston, Wigton/GB
Seite 24	Lothar Christmann, 7000 Stuttgart
Seiten 34, 44, 47, 49, 63 70, 76, 78, 84, 99, 100	Carmen Heinsius, 3280 Bad Pyrmont